진정으로
원한다면
전부를 걸어라

진정으로 원한다면 전부를 걸어라

김상훈 지음

무일푼 청춘에서 대한민국
로지스틱스의 신화를 쓰다

부딪치고, 깨지고, 일어서라

02

대한민국 로지스틱스 신화를 쓰다 **03**

꿈 앞에서
항상 당당하라

04

꿈을 이룰 때까지 멈추지 마라

오늘날 사회는 젊은이들에게 벤처정신으로 과감히 현실에 도전하라고 조언한다. 벤처정신이란 무엇인가? 한마디로 정의하기는 어렵지만, 기본적으로 기존의 사업 패러다임을 좇지 않고, 시대를 앞서가는 아이디어와 기술력을 바탕으로 새로운 시장 개척을 위해 과감하게 도전하는 정신이라고 나는 생각한다. 한마디로 무에서 유를 창조하는 개척정신이라 할 수 있겠다.

나는 사업을 성공으로 이끌어가기 위해서는 이러한 벤처정신에 반드시 한 가지 덕목을 더 보태야 한다고 생각한다. 바로 사업을 꿈꾸는 사람들의 도전정신이 이 사회를 올바른 방향으로 이끌어 나아가야 한다는 것이다.

그런 점에서 볼 때, 내가 특수화물 운송이라는 블루오션 시장을 선

점해 무일푼의 청춘에서 국내 굴지의 기업 최고 경영자 자리에 오른 건 단순하게 사업의 성공을 의미하는 것만은 아니다. 나는 대한민국이 급속한 경제성장을 거치는 동안 외면 받았던 국민 건강을 지키고 생활의 질을 향상시켰으며, 환경 보존에 있어서 커다란 공헌을 했다고 자부한다. 이는 벤처정신과 사업가로서의 올바른 책임의식이 멋진 앙상블을 이루어 완성해낸 결과였다.

1977년 어느 날, 무일푼의 청춘이었던 나는 상업은행 본점 은행장실 앞에 서있었다. 은행장과 약속을 잡은 것도 아니었고, 일면식도 없었다. 내가 가진 것이라고는 서류가방에 담긴 사업계획서와 열정과 용기, 패기가 전부였다. 내가 계획한 사업은 바로 특수화물 운송업이었다. 특수화물 운송을 내 사업의 출발점으로 삼은 데에는 두 가지 큰 포부가 있었기 때문이었다.

첫째, 특수화물 운송은 국내의 어느 누구도 뛰어들지 않던 새로운 블루오션 시장이었다. GNP가 3,000달러도 안 되던 당시는 기초화공약품을 드럼통이나 마대자루로 운송하는 게 고작이었다. 하지만 대한민국의 경제가 발전할수록 전문적인 운송의 필요성이 커질 것이 분명했다. 액화암모니아, 부타디엔, 크실렌, 톨루엔 같은 액체 상태의 화공약품과 염소, 수소, 암모니아, 프로판가스, 부탄가스, LPG, LNG 같은 산업용 가스들의 수요가 갈수록 늘어날 텐데, 당시의 낙후된 운송장비로는 불가능했던 것이다. 자연스럽게 특수화물 운송

시장이 커질 것이라고 나는 전망했다.

둘째, 특수화물 운송이 대한민국의 환경오염을 줄이고 국민의 건강을 보호하는 데 큰 도움이 되리라고 나는 확신했다. 실제로 나는 사업계획을 설명하며 다음과 같이 강조했다.

"특수화물 운송업을 통해 우리나라의 환경을 오염시키고 국민의 건강을 위협하는 드럼통을 없애겠습니다. 비료포대와 마대자루를 없애겠습니다."

당시 화공약품을 실어 나르던 드럼통들은 사용기간이 지나면 반드시 폐기해야 했음에도 불구하고 현실은 그렇지 않았다. 제대로 세척되지 않은 드럼통들이 대폿집의 고기 굽는 테이블로, 고구마를 굽는 통이나 각종 음식을 저장하는 용도로 버젓이 사용되고 있었다. 아무리 깨끗하게 세척한다 하더라도 유해물질이 없다고 장담할 수 없음에도 말이다.

비료포대는 또 어떤가? 당시 비료포대는 전 국민의 재활용 애용 품목이었다. 제대로 세척도 하지 않고 각종 과일이나 야채를 담을 뿐만 아니라 방바닥을 공사하는 데에도 쓰였다. 마대자루 역시 사용하다가 구멍이 나거나 손상되면 별생각 없이 불에 태웠다. 마대자루를 만드는 PE, PVC, PS, PP 재질들이 소각 시 엄청난 독성 가스를 배출해 대기를 오염시킨다는 의식조차 없었던 것이다.

사업을 시작하면서 나는 내가 세운 계획들을 차근차근 시행해나갔다. 나는 드럼통으로 나르던 화학약품을 전문 탱크로리 차량으로 대체해 운송하는 시스템을 국내에 도입했다. 이러한 선진시스템은 당시 대한민국의 운송업계에 큰 반향을 일으켰다. 이후 나는 독일 등 선진국의 기술을 도입해 산업혁신을 이루어내면서 국내 특수화물 운송 점유율 70퍼센트라는 엄청난 성과를 거두었다.

특수화물 운송을 시작한 이래 10여 년에 걸쳐 나는 100만 톤에 달하는 화공약품을 실어 날랐다. 100만 톤! 200리터 드럼통으로 환산하면 500만 개에 달하는 양이다. 대한민국 전역에 500만 개의 드럼통이 제대로 관리되지 않은 채 방치되어 있는 모습을 상상해보라. 끔찍하지 않은가. 마대자루, 비료포대 역시 전문 시스템에 의해 운송되면서 점차 그 모습을 감추게 되었다. 특수화물 운송이 활성화될수록 대한민국은 보다 깨끗하고 살기 좋은 나라로 변모해나가고 있었던 것이다.

누구도 가지 않은 길을 가고자 했던 벤처정신과 사업가로서 한 사회를 올바른 방향으로 변화시켜가야 한다는 책임의식을 갖고 나는 사업에 임했다. 나의 사업이 번창할수록 대한민국의 환경이 깨끗해지는 걸 보는 건, 사업가로서 내가 가진 가장 큰 보람이자 성취였다. 때문에 나는 작은 성공에 머무르지 않고 더 사업을 확장해나갔다. 사업가로서 대한민국 사회에 공헌할 수 있기를 바랐고, 그런 마음은 나를 더욱 강하게 만들어주었다.

그 결과 나는 사업을 시작한 지 불과 10여 년 만에 동양특수유조뿐만 아니라 특수냉동회사인 홍진, 석유 관련사인 동양유화 등 다양한 사업체로 경영 폭을 넓혀나갈 수 있었다.

  김영삼 정부 말미인 1997년 1월 새해 벽두, 한보그룹을 시작으로
삼미, 진로, 한신공영 등 굴지의 기업들이 도미노처럼 부도 사태를
맞았다. 7월 중순에는 재계 순위 8위 기아자동차마저 자금난을 이기
지 못하고 끝내 허무하게 무너졌다. 걷잡을 수 없는 상황이었다. 대
한민국에 돈을 빌려준 외국은행들은 한국을 투자위험국으로 지목했
다. 외환위기설이 정재계에 나돌았지만 국무총리는 이를 전면 부인
하며 변명만을 늘어놓기에 급급했다. 그러나 외국계 신용은행들의
잇따른 신용등급 하향 조정은 예정된 수순이었다. 설상가상으로 대
한민국 은행과 종금사에 대한 자금 공급이 완전히 중단되었고, 외국
투자자들마저 주식을 팔아치우기 시작했다.
  1997년 12월 3일, 당시 나는 미국 출장 중이었다. 거래 회사와의
미팅을 끝내고 호텔방에서 지쳐 곯아떨어졌는데 회사 임원으로부터
다급한 연락이 왔다. 경제부총리가 IMF(International Monetary Fund,
국제통화기금)에 구제금융 지원을 요청하기로 했다는 것이었다. 결국
터질 것이 터진 것이다.
  급히 일정을 끝내고 돌아온 대한민국은 며칠 사이에 전혀 다른 나
라가 되어 있었다. 나라 전역에 구제금융의 광풍이 휘몰아치고 있었
다. 국가신용등급이 곤두박질치며 환율이 1,900원대까지 치솟았고,
건실하던 기업들마저 연쇄부도를 일으키며 쓰러져 갔다. 겨우겨우

살아남은 기업들은 조업을 중단했다. 이런 혼란 속에서도 대기업들은 외화 사재기에 나서 달러 난을 더욱 부채질하고 있었다. 기업들의 상황이 이러한데 대다수 국민들의 생활이야 말해 무엇할까. 그야말로 총체적인 국가 위기였다.

당시 나는 물류회사인 동양특수유조(이하 동특), 특수냉동회사인 홍진, 석유 관련사인 동양유화 등 다양한 분야의 사업체를 경영하고 있었다. 나라 경제가 엉망이 되어버렸으니 내 사업이라고 잘될 리가 없었다. 한국 경제에 불안을 느낀 국내외 투자자들이 입을 맞춘 듯이 투자금을 회수하겠다고 연락해 왔다. 백방으로 뛰어다니며 회사의 탄탄한 재무 상태를 증명해도 소용이 없었다. 기가 막혀 숨도 제대로 쉴 수 없었다. 하얀 도화지 위에 회사의 미래를 마음껏 그려도 모자랄 판에 새까만 먹지에 절망과 두려움을 적는 나날이 계속되었다.

회사는 어려워도 직원들의 생활은 꼭 챙겨야 한다는 책임감에 더욱 힘이 들었다. 20년이 넘게 사업을 하면서 회사 사정이 힘들어도 월급 하나만큼은 제 날짜에 지급하는 것이 나의 경영철학 중 하나였다. 청년 시절에 회사 생활을 경험했기 때문에 직장인들에게 월급의 의미가 얼마나 큰지 나는 잘 알고 있었다.

내게 남겨진 선택지는 워크아웃을 신청하든가 아니면 부도가 나든가, 둘 중 하나밖에 없었다. 극심한 스트레스로 흰머리가 하루가 다르게 늘어가고 몸은 야위어갔다. 구제금융이 시작된 이후부터 단 한 순간도 고통에서 빠져나온 적이 없었다.

"대기업들도 나자빠지는 형편이니 적당한 값에 회사를 매각하고 맘 편히 사는 게 어때? 평생 놀고먹어도 될 만한 돈은 벌었잖아?"

몇몇 지인이 힘겨워하는 나를 보고 그만 사업을 접으라고 권했다. 하지만 아무리 힘들어도 그런 생각은 단 한 번도 하지 않았다. 피 끓던 청년 시절부터 모진 풍파를 거치며 키워온 자식 같은 회사들이었다. 힘에 부쳐 쓰러지더라도 절대 놓을 수는 없었다. 더구나 나만 바라보고 있는 수천 명의 직원들, 그들에 딸린 식구들까지 합치면 몇만 명의 생계를 어떻게 그리 쉽게 놓을 수 있을까. 시절이 좋다면야 다른 직장을 알아볼 수 있겠지만, 당시 퇴사는 절벽 밑으로 곤두박질치는 것과 마찬가지였다. 그들을 두고 어떻게 나 혼자 잘 살자고 도망칠 수 있는가! 절대 그럴 수 없었다.

나는 평상시처럼 다시 넥타이를 졸라매고 서류 가방을 들었다. 빈 사상태였던 국내에서는 눈을 씻고 찾아봐도 돈이 없는 상황. 외국의 돈을 끌어오는 수밖에 없었다. 내가 선택한 곳은 세계 경제의 중심지 뉴욕이었다.

자금을 마련할 방법은 두 가지였다. 담보를 설정하고 돈을 구하는 방법과 투자를 받는 방법. 나는 하루하루 인공호흡기를 달고 연명하듯 일주일에 한 번씩 뉴욕으로 날아갔다. 초조감 때문에 기나긴 비행시간 내내 눈도 제대로 붙이질 못했다. 시차에 적응하는 일 따위는 사치였다. JFK 공항에 도착하자마자 맨해튼에 즐비한 금융업체들을 찾아 회사 서류를 들이밀며 자금 투자를 애원했다. 하지만 돌아오는 대답은 언제나 같았다.

"당신 회사의 건전성은 믿을 수 있습니다. 그러나 한국의 재무 상태는 믿을 수 없습니다."

허탈한 걸음으로 빌딩을 빠져나오면 맨해튼 마천루 사이로 몰아치는 겨울바람이 차갑게 뺨을 후려쳤다.

서울과 뉴욕을 오가기를 한 달째, 극심한 피로에 옷을 입은 채 침대에 쓰러져 잠이 들고, 이튿날이 되면 씻는 둥 마는 둥 무거운 몸뚱이를 이끌고 호텔을 나와 다시 맨해튼 거리를 쏘다니기를 반복했다. 그러던 어느 날이었다. 세계 굴지의 기업 광고가 즐비한 타임스퀘어 거리를 걷는데 갑자기 눈물이 핑 돌았다. 낯선 땅에서 비렁뱅이처럼 구걸을 하고 있는 내 모습에 설움이 북받쳐 올랐던 것이다.

내 소원은 단 하나였다. 퇴근할 때 기다리는 아이를 위해 과자봉지 들고 귀가하는 가장처럼, 하루라도 빨리 자금을 유치해 한국으로 돌아가는 것, 오직 그것뿐이었다. 하지만 나는 언제나 빈손이었다. 자금 유치에 성공했는지를 묻는 회사 전화를 받을 때마다 너무 힘들었던 나머지 모든 걸 던져버리고 어딘가로 도망치고 싶었다. 아무도 나를 아는 이가 없는 그런 곳으로.

그렇게 이방인의 설움을 톡톡히 당하면서도 두드리면 언젠가는 열린다는 신념 하나만 믿고 노력한 지 수개월. 드디어 숨통이 트일 일이 터졌다. (주)동특을 우량기업으로 판단한 아시아퍼시픽에서 마침내 손을 내민 것이다.

"당신 회사의 재무 건전성을 믿고 투자를 결정했습니다."

체이스맨해튼 플라자를 빠져나오며 나는 다리가 풀려 주저앉고 말았다. 지난 몇 달 간의 피 말리는 고생이 한꺼번에 떠올랐던 것이다. 게다가 투자받은 금액이 자그마치 5,000만 달러였다. 외환위기 상황이었던 당시는 국내 기업이 외국에서 500만 달러만 유치해도 언론에 떠들썩하게 오르내리던 때였다. 그런데 무려 5,000만 달러를 투자받다니!

이후 모든 매스컴에서 '㈜동특 김상훈 회장이 5,000만 달러를 유치했다'며 앞다투어 보도를 했다. 이 일은 고사 상태에 있던 증권시장에 활력을 불어넣는 엄청난 이슈가 되어 ㈜동특은 40여 일 동안 상한가를 치며 가격도 수십 배나 뛰어 황제주로 등극했다.

상황이 이렇게 되자 ㈜동특의 재계 순위도 257위에서 20일 만에 25위로 껑충 뛰어올랐다. 나는 그동안 꿋꿋이 버텨준 직원들을 위한 고마움의 표시로 내가 보유한 주식 중 일부를 직원들에게 배당해 목돈을 쥘 수 있게 했다. 하루하루 회사의 앞날을 걱정하며 노심초사하던 직원들이 빚을 갚고, 결혼자금을 마련하고, 전셋집을 구하며 웃음 짓는 모습을 보면서 나는 안도의 한숨을 내쉴 수 있었다. 나뿐만 아니라 직원 모두가 행복한 기업을 일구고 싶다는 나의 염원이 비로소 이루어진 것이다.

나는 화물트럭 3대로 특수화물 운송업을 시작해 지난 수십 년 동안 케미컬, 석유저장터미널, 고속도로휴게소, 대단위 저장창고업, 냉동냉장 운수회사 등 수많은 사업을 일구어냈다. 최신 정보를 얻고 현장을 파악하고 새로운 사업 아이템을 얻기 위해 직접 발로 뛰어 다녔다. 남들이 주저하며 물러서던 사업에도 두려움 없이 과감히 도전했다. 부모님으로부터 물려받은 재산은 단 한 푼도 없었지만, 온갖 시련을 극복하고 노력해 원하던 바를 이룰 수 있었다.

돌이켜 보면 외환위기라는 최악의 상황은 나를 극한으로 몰아넣은 시험대이자 큰 도전을 하게 한 절호의 기회였다. 절대로 포기하지 않은 모험의 결과로 나는 꿈을 이룰 수 있었기 때문이다. 만약 최악의 상황이니 어쩔 수 없다며 포기했다면, 나는 결국 도산하고 말았을 것이다.

최악의 상황이 오히려 최고의 기회가 될 수 있다. 그렇기에 어떤 상황에서도 움츠러들지 말고 용기를 내어 도전해야 한다.

물론 일자리조차 구하기 힘든 오늘의 팍팍한 현실에서 무슨 거창한 꿈을 가지고 도전하라는 것이냐며 불만을 토로하는 청춘들도 있을 것이다. 하지만 그럼에도 불구하고 지금 이 시간에도 어딘가에서 꿈을 꾸고 있을 이들에게 도움이 되고 싶은 마음에 나는 이 책을 쓴다. 꿈을 이루기 위해 내가 어떠한 노력을 했으며, 거친 난관들을 헤쳐 나올 수 있었던 나만의 경영철학을 들려줌으로써 그들의 꿈에 힘을 불어넣어주고 싶기 때문이다.

나의 이야기가 사업을 꿈꾸거나 이제 막 시작하려는 이들에게 꺾이지 않는 도전의식과 불타는 열정을 불러일으키길 소망한다.

01

꿈꾸지 않는 청춘은
청춘이 아니다

누구와도
다른 나를 꿈꿔라

지금 이 순간, 당신은 꿈을 이루기 위해서 무엇이 가장 중요하다고
생각하는가?

1. 자금력(+부모의 능력)

2. 학력 및 인맥

3. 꿈에 대한 열망

'수저계급론'이라는 용어가 최근 세간의 화제다. 쉽게 말해 부모의

능력에 따라 자식들의 계급이 금수저, 은수저, 흙수저로 나뉜다는 것인데, 대한민국 청춘들의 나약한 푸념이라고 치부할 수만은 없는 것이 객관적 자료도 이를 뒷받침하고 있기 때문이다.

얼마 전 국내 모 대학에서 연구한 결과에 따르면 개인자산에서 상속증여분이 차지하는 비율이 1980년대 27퍼센트에서 2000년대에는 42퍼센트까지 치솟았다고 한다. 그러니 2016년인 지금은 50퍼센트에 육박하지 않을까 싶다. 즉 평균적으로 금수저를 물고 태어난 청년은 50의 불로소득을 가지고, 흙수저 청년은 빈털터리로 인생을 시작한다는 것이다.

알다시피 1970~80년대 대한민국은 세계 최고의 경제성장률을 자랑했다. 전국이 개발 열풍에 휩싸였고, 대학만 나와도 취업문이 자동문이라 할 정도로 일자리가 넘쳐흘렀다. 금리가 10퍼센트를 넘어 저축만 잘해도 충분히 부자가 될 수 있던 시절이었다.

그러나 현재의 상황은 어떤가? 20~30년 전 고도성장의 시기와 오늘날은 엄연히 다르다. 대한민국이 저성장, 고령화의 늪에 빠진 건 이미 오래전부터다. 기존의 전통적인 사업모델과 개발모델로는 과거의 영광을 재현하는 것이 불가능해졌다. 개인의 노력만으로는 부를 쌓기가 어려워지게 된 것이다.

이것은 부정할 수 없는 엄혹한 현실이다. 사회 각 분야에서 공정한 경쟁을 부르짖는 목소리가 높아지고 있지만, 그건 사회가 갈수록 불공정해지고 있다는 반증이기도 하다. 빈부격차는 시간이 갈수록 심해질 게 불을 보듯 뻔하다. 이제 기적 같은 성공신화는 영영 사라지게 된 걸까?

자신만의 성향을 분석하라

과거보다 성공의 문이 좁아진 건 의심의 여지가 없다. 성공의 문을 여는 열쇠가 개인의 노력보다 그 외의 조건에 기인하는 일도 그만큼 잦아졌다. 무일푼보다는 부모의 도움을 받는 것이 훨씬 유리하고, 고등학교 졸업장보다는 명문대학교를 나와 탄탄한 인맥까지 갖춘다면 성공이 더 가까운 것도 부정할 수 없다. 하지만 그것만이 성공의 필수조건은 절대 아니다.

꿈을 현실로 만드는 '간절한 염원'을 지닌 청춘이라면 어려움을 떨치고 반드시 꿈을 이루어낼 수 있다고 나는 믿는다. 꿈에 대한 갈망은 남들보다 몇 배, 몇 십 배의 노력을 끌어낼 수 있기 때문이다.

물론 무조건 열심히만 한다면 꿈을 이룰 수 있다는 기성세대의 논리를 펼 생각은 추호도 없다. 알다시피 지금 이 순간에도 수많은 청춘들이 '열심히' 꿈을 향해 달려가고 있다. 하지만 안타까운 건 그들 중 대다수가 치밀한 전략 없이 '무조건 열심히'만을 외치며 뛰고 있다는 사실이다. 치밀하고 전략적인 접근 없이 앞만 보고 무조건 뛰고

존 홀랜드 박사의 직업적 성격이론

성격 유형	성향	적합한 직업 유형
R형(실재형, Realistic)	신체활동 선호, 솔직, 검소	기술자, 농부, 운동선수 등
I형(탐구형, Investigative)	탐구적, 논리적, 분석적	과학자, 생물학자, 지질학자, 의사 등
A형(예술형, Artistic)	창의적, 개방적, 자유분방, 감수성 높음	소설가, 미술가, 작곡가, 디자이너, 배우, 감독 등 각종 예술가
S형(사회형, Social)	봉사적, 친절함, 대인관계 지향	사회복지사, 교사, 간호사, 종교지도자 등
E형(기업형, Enterprising)	리더십, 정열적, 모험적, 적극적	기업경영인, 정치가, 판사, 영업사원 등
C형(관습형, Conventional)	체계적, 수리적, 책임감 강함, 안정적	공인회계사, 경제 분석가, 은행원, 세무사, 법무사 등

있는 것이다. 바로 '자신만의 강점, 성향'을 파악하지 못한 채 말이다.

미국의 진로심리학자인 존 홀랜드 박사는 개인의 성격을 6가지 유형으로 나누어, 성격 유형과 행동 양식이 직업 선택과 발달에 중요한 영향을 준다고 강조한 바 있다. 그의 직업적 성격이론은 현재 진로 선택에 있어 가장 예측력이 높은 검사로 알려져 있다.

당신의 성향은 무엇인가? R형? S형? 아니면 E형? 인간은 성장하면서 주위 환경에 영향을 받으며 자신만의 독특한 성격을 형성한다. 그렇기 때문에 좋아하는 것과 싫어하는 것이 명확하게 구분된다. 따라서 어떤 일을 즐겁게 하며 해당 분야에서 성공하기 위해서는 자신의 성향과 잘 맞아야 한다. 예술적 성향이 다분한 사람이 회계 업무를 하고 있다고 상상해보라. 그가 회계 분야에서 성공할 것인가는 논외로 두고, 과연 즐거울 수 있을까? 아마 출근하는 것 자체가 고역이지 않을까? 다시 말해 직업 선택에 있어서 자신이 어떤 성향의 사람인지 파악하는 것은 매우 중요하다.

나는 공무원이었던 아버지의 잦은 전근 탓에 경상북도 구미의 할아버지 댁에서 어린 시절을 보내야 했다. 부모님이 아닌 엄격한 조부모님과 친척들 사이에서 함께 자라서인지 또래보다 일찍 독립적인 성격을 가질 수 있었다. 무엇보다 다른 이들에게 지는 걸 죽기보다 싫어했고 호기심과 모험심도 무척이나 강했다. 무슨 일이든 내가 주도를 해야만 직성이 풀렸다. 한마디로 동네를 휩쓸고 다니며 말썽이라는 말썽은 다 부렸다. 이런 모난 성격 탓에 문제도 참 많이 일으켰다. 특히 세 살, 여섯 살, 아홉 살 터울밖에 나지 않던 나이 어린 삼촌들과는 매일매일 박 터지게 싸워 어른들께 참 많이도 혼이 났다. 초등학교 2학년 때였던가. 세 살 많은 막냇삼촌을 때려 코피를 터뜨리고는 할아버지한테 회초리를 맞을 게 무서워 가출을 결행한 적도 있었다.

그만큼 나는 얌전한 성격이 아니었다. 새로운 일을 벌이기에 바빴고, 문제가 눈앞에 있으면 포기하고 도망치기보다는 어떻게든 일단 부딪쳐보았다. 한 해, 두 해 나이를 먹을수록 평범한 삶은 상상하기조차 싫었다. 나는 모험가가 되고 싶었고, 이런 나의 기질을 충분히 발휘할 수 있는 일을 하고 싶었다.

그래서 나의 성공 요인 중 가장 첫 번째를 꼽을 때, 내 기질에 맞는 직업인 '사업'을 택했기 때문이라고 자신 있게 말할 수 있는 것이다.

세계 최고의 덕후가 되어라

'덕후'라는 말을 들어보았을 것이다. '집'이라는 뜻의 일본어 '오타쿠(御宅)'의 타쿠를 한글식으로 발음한 것이다. 본래는 애니메이션이나 SF 팬에 한정된 용어였으나 최근에는 '집에 틀어박혀 자기가 좋아하는 것만 하는 사람', '한 가지 일에 몰두하는 사람'으로 의미가 넓어졌다. 나쁜 의미로는 ~폐인, ~꾼, 좋은 의미로는 ~광, ~마니아를 일컫는다. 그런데 오늘날에는 이런 덕후적 기질의 유무가 사업에 큰 영향을 끼치고 있다. 격세지감이 아닐 수 없다.

상업용 드론 사업 초기부터 독창적인 기술로 시장을 주도해 '드론계의 애플'이라는 수식어가 붙은 기업을 알고 있는가? 현재 전 세계 상업용 드론 시장의 60퍼센트를 장악하고 있는 업체가 우리가 짝퉁 왕국이라고 무시하기 바쁜 중국의 'DJI(大疆創新)'라는 것을 알고 있는가?

DJI의 CEO는 불과 35세의 이른 나이에 '청년 드론왕', '드론계의 스티브 잡스'라 불리며 억만장자에 등극한 프랭크 왕이다. 프랭크 왕은 어릴 때부터 하루 종일 모형 헬기를 조립하고 고치고 하늘로 날리는 놀이에 빠져 시간 가는 줄을 모르던, 소위 모형 헬기 덕후였다. 그는 홍콩 명문의 과학기술대에 재학 중이던 26세 때 자기가 가장 좋아하는 모형 비행기 사업을 시작했다. 그리고 사무실에 간이침대를 두고 일주일에 80시간 이상을 일했다고 한다. 일이 너무 재미있어서 집에 가는 시간조차 아까웠다는 것이다. 그 결과 해마다 3배 이상의 고속 성장을 거듭해 불과 10년 만에 전 세계 상업용 드론 시장을 이끌고, 5조 원에 이르는 자산과 함께 기업 가치를 11조 원으로까지 끌어올릴 수 있었다. 프랭크 왕은 한 신문사와의 인터뷰에서 다음과 같이 말했다.

"중국 최고를 꿈꿨다면 거기에 그쳤겠죠. 하지만 저는 어려움이 많더라도 '세계 최고'를 목표로 삼았습니다."

모형 헬기를 가지고 놀던 어린 시절의 꿈을, 자신이 정말 좋아하는 취미를 끝까지 밀어붙여 엄청난 성공을 거둔 것이다.

당신에게는 하루 종일 해도 피곤하기는커녕 즐겁기만 한 일이 있는가? 당신의 꿈을 성공으로 이끌만한 덕후적 기질이 당신에게는 있는가?

오늘날의 글로벌 경쟁시대에는 덕후적 기질이 사업의 승패를 가늠하는 경우가 무수하다. 스티브 잡스는 디자인에 대한 덕후였다. 그가 대학을 중퇴하고도 서체 수업 하나만큼은 열심히 수강했다는 일화는 너무도 유명하다. 이런 디자인에 대한 철학을 기반으로 애플은 세계를 재패할 수 있었다.

  나의 기질이 사업가적 기질인지, 연구가적 기질인지 또는 예술가적 기질인지 정확히 파악하라. 그리고 내가 진정으로 하고 싶은 일을 찾아라. 나의 의지와 상관없이 타인에 의해 강요된 일을 하면 절대로 행복해지지 않는다. 아무리 지위가 높고 돈을 많이 벌어도 그것은 나의 길이 아니기 때문이다.

꿈을 꾸려면
크게, 더 크게

"사람들은 스스로 설정한 기준, 즉 자신이 성취하고 획득할 수 있다고 생각하는 바에 따라 성장한다. 만약 어떤 사람이 자신이 되고자 하는 기준을 낮게 잡으면, 그는 그 이상 성장하지 못한다. 만약 자신이 되고자 하는 목표를 높게 잡으면, 그는 위대한 존재로 성장할 것이다."

현대 경영학의 구루로 불리는 피터 드러커의 말이다.

요즘 많은 청춘들이 스타 연예인이 되기 위해 음악학원, 연기학원을 찾는다. SM, YG, FNC, JYP 같은 유명기획사의 자체 오디션과 텔레비전 오디션 프로그램에 수천, 수만 명의 아이들이 몰려든다. 몇 년의 힘겨운 연습생 시절을 버텨 데뷔를 해 부와 명예를 한꺼번에 거머쥔 스타들을 보며 "나도 할 수 있어!" 하고 꿈을 꾸는 것이다.

이처럼 요즘에는 비교석 어린 나이 때부터 자신만의 재능과 특기를 찾아 특정 학과나 특정 직업을 정하고 한 우물을 파는 청춘들이 갈수록 늘고 있다. 어떻게 보면 마음껏 놀아야 할 나이에 벌써부터 무한경쟁에 뛰어든 것 같아 안쓰럽기도 하지만, 어쨌든 자신만의 꿈을 향해 일찌감치 노력하는 모습은 분명 긍정적이라고 말할 수 있을 것이다.

나 역시 어린 시절부터 최고의 사업가가 되겠다는 꿈을 꾸었다. 새로운 일을 벌이기를 좋아하고 낯선 사람을 만나는 걸 주저하지 않았던 성향의 내가 잘할 수 있는 게 무엇인지 고민했고, 그게 바로 사업이라고 확신했기 때문이다.

그러나 모든 꿈의 시작은 작고 여린 씨앗일 뿐이다. 크고 단단하게 자라 활짝 꽃을 피우기 위해서는 따뜻한 햇볕, 깨끗한 물과 같은 수많은 자양분이 필요하다. 그렇다면 꿈을 크고 단단하게 키우는 자양분에는 어떤 것이 있을까?

당신 옆에 최고의 경쟁자를 둬라

물고기들은 어부의 손에 잡혀 배의 수조에 들어가면 몇 시간을 버티지 못하고 죽는 경우가 다반사다. 광활한 바다를 신나게 헤엄치다가 갑자기 좁은 수조에 갇혔으니 복장이 터져 죽을 만도 하다. 그래서 고기잡이 어부들은 먼 바다에서 잡은 물고기를 살려서 부두까지 운반하는 방법에 대해 다양한 방법을 강구했는데, 그중에 하나가 바로 '메기 효과'이다.

전통적으로 영국의 어부들은 북해에서 잡은 청어를 런던까지 운반할 때 수조에 물메기를 넣었다고 한다. 수조에 갇히자마자 죽어나가던 청어 떼가 천적인 물메기를 피해 다니게 함으로써 도착지까지 싱싱하게 살아 있게 하기 위해서였다. 이처럼 적절한 자극과 위협이 경쟁력을 더 높이는 것을 메기 효과라고 한다.

1993년 삼성그룹 이건희 회장이 경영혁신을 내세우면서 강조한 것도 바로 이 메기 효과였다. 실제로 우리 주위를 둘러보면 적절한 위협요인과 자극, 위기의식이 있을 때 오히려 경쟁력이 더 높아지는 경우를 흔히 볼 수 있는데, 특히 운동 종목에서 이런 현상을 쉽게 찾아볼 수 있다.

한국 최고의 국보급 투수로 불리던 최동원과 선동열 선수를 기억하고 있을 것이다. 만약 최동원 선수가 없었다면 선동열 선수가 존재했을까? 반대의 경우도 마찬가지일 것이다. 또한 FIFA 발롱도르

(FIFA ballond'Or) 상을 주고받으면서 세계 축구계를 주름잡고 있는 메시와 호날두는 또 어떤가? 호날두가 없었다면 메시가 있었을까? 반대로 메시가 없었다면 호날두가 있었을까?

내게도 나를 고양시키고 흥분시키는 최고의 경쟁자가 있었다. 현재에 만족하지 않고, 언제나 새로운 도전을 부추기던 멘토이자 경쟁자들 때문에 나는 항상 긴장을 멈추지 않았다. 그러나 정확히 말하면 그들은 내 옆에 실존하지 않았다. 눈에 보이지도 않았다. 그들은 존재했으나, 아주 멀리 떨어져 있었다. 그러나 언제나 내 옆에 존재하기도 했다.

나는 하얗게 밤을 새우며 철강왕 카네기의 일대기를 읽었고 그의 경영철학을 흡수했다. GE를 이끌며 전 세계 경영자에게 위대한 영감을 준 잭 웰치의 경영 일화를 읽는 동안 잭 웰치는 내 마음속의 경쟁자가 되었다. 나는 그렇게 수많은 위대한 경영자들을 거울로 삼아 무수한 난관을 뚫고 사업에 성공할 수 있었다.

당신이 지금 해야 할 것은 주위를 둘러보고, 당신을 발전시킬 최고의 멘토이자 경쟁자를 찾는 것이다. 당신 옆에 닮고 싶고, 넘어서고 싶은 상대가 있다면 그보다 좋은 일은 없다.

꿈에 한계선을 긋지 마라

관상용 물고기로 인기가 높은 코이라는 물고기를 본 적 있는가? 그런데 코이는 관상용뿐만 아니라 독특한 성장 패턴을 보이는 것으로도 유명하다. 작은 어항에 넣고 키우면 5~8센티미터 남짓하게 자라지만, 넓은 연못에선 15~20센티미터, 큰 강에서는 종종 1미터까지 자란 놈을 발견할 수 있기 때문이다. 같은 종인데도 어항에서 자라면 피라미가 되고, 강물에 풀어 놓으면 대어가 된다는 것이다.

일반적으로 생물은 유전자의 한계가 명확하다. 그러나 코이와 성장 패턴이 비슷한 종이 지구에 딱 하나 있다. 바로 인간이다.

인간의 꿈에는 한계가 없다. 자신에 대한 한계를 미리 규정짓는 우(愚)를 범하지 마라. 미리 그어놓은 한계선은 딱 그만큼의 노력만을 요구하게 된다.

꿈의 크기를 1부터 10까지로 나누었을 때, 스스로의 목표를 2로 잡은 사람은 딱 2만큼의 노력과 열정을 쏟게 된다. 그러나 만약 목표를 10으로 잡는다면 이를 달성하기 위해서 2보다 적게는 몇 배, 많게는 몇 십 배의 노력과 열정을 쏟는다. 10에 대한 목표를 비록 100퍼센트 달성하지 못하더라도 그 노력의 결과물은 당연히 2보다는 클 것이다.

실제로 나 역시 세계의 위대한 경영자들을 롤모델로 삼고 노력했기에 작은 성취에 만족하지 않고 계속 꿈을 꿀 수 있었고, 결국 한 기업의 CEO가 될 수 있었다고 생각한다.

작은 꿈을 꾸고 작은 성취를 이루어 만족하겠는가? 아니면 크게 꿈을 꾸고 큰 성취를 이루고 싶은가? 선택은 당신의 몫이다.

꿈의 크기만큼
자존감을 키워라

당신은 오늘 어떤 하루를 보내고 있는가? 간절히 바라던 일을 이루고 기쁨의 환호성을 지르고 있는가? 아니면 갑작스레 힘든 일을 겪고 실의에 젖어 있는가? 많은 경우, 어제와 같은 일상을 별다른 고민 없이 살아가고 있을 것이다.

그러나 만약 당신이 사업을 하고 있다면 이야기는 달라진다. 인생은 무수한 난관의 연속이라는 걸 하루하루 실감케 하는 것이 바로 사업이기 때문이다. 사업가에게 난관은 밀물과 썰물처럼 끊임없이 찾아온다. 평탄한 사업이란 결코 존재하지 않는다. 따라서 사업에 성공했다는 건 바꿔 말하면, 수많은 난관을 극복했다는 뜻이다. 맹자(孟子)는 성공한 사람들의 공통점 중 하나를 어려운 역경을 딛고 일어선 것이라면서 다음과 같이 말했다.

"하늘이 큰 뜻을 내리려 할 때에는 마음과 뜻을 고통스럽게 하고, 뼈와 근육을 힘들게 하며, 몸과 살을 굶주리게 하며, 신세를 궁핍하게 한다."

그런데 어려운 난관을 자신을 키우는 자양분으로 바꿔 생각하기 위해서는 어떤 마음가짐이 필요할까? 성공한 경영자들은 과연 어떻게 난관을 극복했을까? 나는 무엇보다 '열정'에 더해 '자아존중감'이 필요하다고 생각한다.

자아존중감(自我尊重感)이란 자신이 충분히 사랑받을 만한 가치가 있는 소중한 존재이고, 어떤 성과를 이루어낼 만한 유능한 사람이라고 믿는, 스스로에 대한 자신감이다.

자신을 존중하고 사랑하는 자존감이야말로 인생이라는 나무의 튼튼한 뿌리 구실을 해준다. 단언컨대 자존감이 낮은 사람은 투사적 용기와 끓어오를 열정을 일으킬 수 없다.

실제로 성공한 사람들은 일반인들에 비해 현격히 높은 자존감을 갖고 있다. 그들은 쉽게 꺾이지 않는다. 경험한 적 없는 두려운 길이라도 용기를 내어 발걸음을 뗀다. 길이 없어도 스스로의 힘으로 길을 찾아낸다. 없으면 만들어서라도 가고야 만다. 설령 넘어지고 무참히 쓰러지더라도 자신에 대한 믿음으로 오뚝이처럼 다시 일어난다. 어려운 상황에 직면하게 되면, 반드시 해낼 수 있다고 스스로를 격려하며 부정적인 생각이 떠오르지 못하도록 노력한다. 이 모든 게 바로 자존감의 힘이다.

반면 자존감이 낮은 사람들은 자기혐오와 부정적인 말을 자주 한다. 끊임없이 자신을 남들과 비교하며 열등의식을 갖기 때문에 다른 사람에게 쉽게 설득당하는 경향이 크다. 이런 열등감 때문에 거짓말을 자주 하게 되고 상황을 회피하기에 바쁘다.

자존감을 어떻게 키울 수 있을까? 자존감을 키우는 방법에 대해 많은 사람들은 다양한 조언을 한다.

"스스로에 대한 믿음을 가져라."

"자신을 격려하고 용기를 북돋아줘라."

"긍정적인 생각을 가져라."

듣기에 참 좋은 말들이다. 하지만 아무리 마음속으로 자존감을 높여야겠다고 다짐한들 그게 어디 쉬운 일인가? 그만큼 실천이 어렵다는 말이다. 그래서 내가 수십 년 동안 사업을 하며 깨달은 자존감을 키울 수 있는 몇 가지 방법을 소개하고자 한다.

행동이 바뀌면 마음도 바뀐다

사람들을 유심히 관찰해 보면 발걸음이 저마다 다르다는 것을 알 수 있다. 어떤 사람은 무릎을 곧게 펴고 자신 있게 발걸음을 뗀다. 반면 바닥에 신발을 끌 듯 걷는 사람도 있고, 어깨를 움츠리고 걷거나 뒤뚱대거나 헐레벌떡 걷는 사람도 있다.

발걸음과 자존감이 무슨 상관일까? 무릎을 곧게 펴고 힘차게 걷는 사람들의 얼굴을 유심히 살펴보라. 그들의 얼굴은 하나같이 밝고 기운차다. 자존감이 넘치기에 얼굴 표정이나 발걸음에도 자연스레 힘이 들어가는 것이다.

우리는 종종 어려운 일에 닥쳤을 때 "마음을 다잡자"라고 말한다. 그러나 마음을 잡는 일, 즉 심리적 변화를 주어 자존감을 높이기란 상당히 어렵다. 오히려 몸의 변화를 통해 마음의 변화를 이끌어내는 것이 훨씬 쉽다는 것이다.

마음이 움츠러드는가? 자신감이 부족하고 스스로에 대한 자존감을 잃고 있는가? 그렇다면 당장 발걸음부터 바꿔라. 한 걸음, 두 걸음 자신 있게 내딛는 것이다. 움츠렸던 어깨를 펴고 성큼성큼 힘을 주어

걸어라. 단순하지만 이런 외적인 변화만으로도 내적 변화를 이끌 수 있다. '행복해서 웃는 게 아니라 웃어서 행복하다'라는 말이 있다. 발걸음이 발단이 되어 차츰 내면에서도 변화의 조짐이 일어난다. 단지 걸음걸이에 변화를 주었을 뿐이지만, 주변인들은 당신의 내면이 바뀌었다고 판단할 것이다. 당신을 대하던 그들의 태도 또한 달라질 것이다.

이처럼 발걸음이 바뀌었다면, 목소리에 힘을 주어보라. 만들어낸 목소리 같다며 비웃어도 물러서지 마라. 절도 있는 군인들의 목소리를 생각해보라. 자신감은 목소리에서도 나온다.

무소의 뿔처럼 홀로 된 나와 마주하라

자존감을 높이는 좋은 방법 중 하나가 '여행'이다. 그것도 홀로 떠나는 여행. 국내든 해외든 어디든 좋다. 낯선 곳으로의 여행, 특히 혼자 하는 여행은 많은 어려움을 동반한다. 그리고 그 하나하나의 난관을 스스로 헤쳐 나가면서 어느새 마음속에서는 조금씩 스스로에 대한 뿌듯한 마음, 즉 자존감이 자라기 시작한다. 난관을 극복할 때마다 당신에게 박수를 쳐주는 것이다. "나는 무엇이든 해낼 수 있는 사람이야!"라고 스스로에게 용기와 희망을 주는 것이다.

또한 낯선 곳으로의 여행은 익숙함에 빠져 그동안 돌아보지 못했던 내 안의 것들을 달리 바라보는 기회를 제공한다. 내 속에 움츠려 있는 모든 것들과 대화해라. 스스로 답을 찾아가는 혼자만의 시간을 가질수록 당신의 자존감 또한 높아질 것이다.

실수 앞에서 스스로에게 관대하라

인생의 수많은 난관을 항상 잘 극복하는 사람이 있을까? 단언하건 대 없을 것이다. 누구나 실수를 한다. 중요한 건 실수 앞에서 좌절하 느냐 극복하느냐이다. 성공한 사람들 역시 수많은 실수를 한다. 보통 사람들과 다른 점이라면 그들은 실수를 하고 난 뒤 다른 선택을 한 다는 것이다.

실수했는가? 자신감이 떨어졌는가? 실수 앞에서 움츠러들지 마라. 실수했다면 다음에 다시 똑같은 실수를 하지 않으면 그만이다.

내 삶의 주인은 타인이 아니라 바로 나 자신임을 가슴에 새겨 넣어 야 한다. 자신에 대한 높은 자존감과 함께 노력이 뒤따라야만 성공할 수 있다.

꿈의 크기는 자존감의 크기와 비례한다. 살면서 그릇이 작다느니 크다느니 하는 말을 우리는 흔히 듣고 흔히 말한다. 겉으로 보이는 행동을 보고 내뱉는 말일 수도 있겠지만 사람들의 눈은 대개 정확한 법이다. 자존감은 외적으로 표현된다는 사실을 잊지 마라. 다음의 세

문장을 기억해라.

나는 내가 믿는 것보다 더 용감하다.
나는 내가 알고 있는 것보다 더 강하다.
나는 내가 생각하는 것보다 훨씬 더 가치 있는 사람이다.

꿈의 사전에
'포기'라는 단어는 없다

　말을 심하게 더듬던 주근깨 소년이 있었다. 발음이 어찌나 나쁜지 친구들에게 놀림을 당하기 일쑤였던 소년은 낙담하는 대신 매일매일 큰 소리로 책을 읽어 마침내 말을 더듬는 습관을 스스로 고칠 수 있었다. 고등학교에 진학한 그는 군인이 되겠다는 꿈을 꾸었지만 영문학에서 낙제를 했고, 무려 세 번의 도전 끝에 육군사관학교에 간신히 입학할 수 있었다. 그리고 훗날 독일의 침공에 맞서 "싸우다가 지면 다시 일어설 수 있지만, 스스로 무릎을 굽힌 나라는 소멸할 수밖에 없다"며 영국인의 자존감을 고취해 마침내 독일을 물리칠 수 있었다. 그는 바로 영국이 낳은 위대한 수상 윈스턴 처칠이다.

처칠에 대한 일화가 있다. 처칠은 은퇴 후 옥스퍼드 대학의 간곡한 부탁으로 졸업식에서 연설을 하게 되었다. 영국이 낳은 위대한 지도자의 연설에 고무된 총장은 재학생들에게 처칠이 하는 말을 한마디도 빼놓지 말고 모조리 받아쓰라고 신신당부했다. 연설 당일, 이제는 노인이 되어버린 처칠이 지팡이를 짚고 연단 위로 천천히 걸어 올라갔다. 그리고 두꺼운 안경 너머로 학생들을 한참 동안 응시하고는 다음과 같이 이야기했다.

"결코 포기하지 마시오. 결코, 결코."

처칠은 그 말을 끝으로 다시 뚜벅뚜벅 연단 밑으로 내려갔다. 그의 짧고 강렬한 연설은 이후 세계의 연설사에 길이길이 남을 위대한 연설로 남게 되었다. 비록 짧은 말에 불과했지만, 그 어떤 어려움에도 절대로 자신의 신념을 굽히지 않았던 그의 인생을 고스란히 드러냈기 때문이다.

어릴 적부터 부모님과 떨어져 지낸 아이는 또래보다 자립도가 높을 수밖에 없다. 나 역시 스스로 결정해야 하는 일이 많았고, 덕분에 어린 나이부터 독립적인 사고를 할 수 있었다.

내가 구미를 떠나 부모님이 계신 서울로 올라온 건 중학교 3학년 때였다. 고등학교 진학을 위해 몇몇 학교를 두고 고민하던 나는 선린상고를 택했다. 인문계 학교에 진학할 성적은 충분했지만 꼭 그래야 할 필요성을 느끼지 못했다. 하루라도 빨리 사회에 진출해 나만의 사업을 하고 싶었기 때문이다. 물론 부모님은 인문계 고등학교에 진학하기를 바라셨다. 공무원이었던 아버지는 아들에 대한 꿈이 한결같았다. 당신처럼 공무원이나 대기업 직원이 되어 굴곡 없는 평탄한 삶을 살기를 바라셨던 것이다. 하지만 나는 부모님의 반대를 무릅쓰고 기어코 선린상고에 원서를 넣어 합격 통지서를 받았다. 부모님의 기대가 내 꿈에 대한 확신을 꺾지는 못했던 것이다.

그런데 문제가 생기고 말았다. 시골 촌놈 눈에 비친 서울이 어땠겠는가? 그야말로 눈이 핑핑 도는 신세계였다. 신나게 놀 수 있는 곳 천지였고, 어찌나 휘황찬란했는지 그만 혼이 쏙 빠진 것이다. 게다가 나는 다부진 체격에 깡다구도 셌으니 정말 무서울 게 없었고 거칠 것이 없었던 것이다. 특유의 반항아적 기질에 더해져 어느새 나는 주변에서 '문제아 아닌 문제아'가 되어 있었다. 만약 운명 같은 사건이 없었다면, 아마 나는 아주 오랫동안 꿈을 잃고 하루하루를 낭비했을 것이다.

2학년 때의 일이었다. 교내에서 미술전시회가 열렸는데, 화장실을 가려면 작품이 전시된 전시실을 피해 멀리 돌아가야만 했다. 하루에도 몇 번씩 화장실 가는 일로 신경이 곤두섰던 나는 참다못해 그냥 전시실을 가로질러 화장실에 다녀왔다. 사실 별것도 아닌 일이었다. 그런데 내 행동을 고깝게 본 특활부 학생들이 시비를 걸어왔고, 그만 참지 못하고 싸움을 벌이고 말았던 것이다. 결국 수에서 밀려 흠씬 두들겨 맞았는데, 거기에서 참고 넘어갔으면 마무리될 일이었지만 지고는 못 사는 내 성격에 그냥 있을 수는 없었다.

분한 마음에 잠을 이루지 못한 나는 이튿날 나를 가장 많이 때렸던 학생을 찾아가 인정사정없이 두들겨 패고는 학교를 나와 버렸다. 그리고 며칠 동안 학교에 간다고 집을 나와서는 길거리를 배회했다. 학교에서 어떤 일을 당할지도 걱정스러웠고, 특활부 패거리가 어떻게 나올지도 알 수 없었다. 치기 어린 반항심에 앞뒤 생각도 없이 사고를 쳤지만 그 후폭풍을 감당할 용기는 없었던 것이다. 결국 며칠이 흘러 부모님께서 사실을 알게 되었고, 나는 아버지께 호된 꾸지람을 들어야 했다.

"나약한 녀석, 사내놈이 싸움 좀 했다고 학교를 안 가? 그런 정신머리를 가지고 앞으로 어떤 일을 하겠냐?"

그리고 아버지는 나를 차에 태워 어딘가로 향했다. 한참을 달려 도착한 곳은 안양에 있는 한 과수원이었다. 아버지는 어머니가 꾸린 짐을 내 앞에 내려놓고 단호하게 말씀하셨다.

"네 소원대로 더는 학교에 갈 필요 없다. 대신 앞으로 밥벌이는 네가 직접 하고 살아라. 세상이 얼마나 녹록지 않은지 네 몸으로 직접 겪어봐라."

아버지의 갑작스러운 말에 나는 어떻게 해야 할지 눈앞이 깜깜했다. 아버지는 어느새 등을 돌리고 차로 돌아가고 계셨다. 아버지의 단호함에 나는 아무 말도 못하다가 그만 땅바닥에 무릎을 꿇고 용서를 빌었다.

"잘못했습니다. 다시는 못난 모습 보이지 않겠습니다. 아버지, 저를 한번만 믿어주세요."

나는 내 자신이 부끄러워 그만 눈물을 쏟고 말았다. 아버지께서 얼마나 아들을 한심하게 여기셨을까 생각하니 얼굴조차 들 수 없었다. 지난 며칠, 아니 고등학교에 입학한 뒤부터 생각 없이 해온 어리석은 행동들이 주마등처럼 머릿속을 스쳐지나갔다. 낭비했던 지난 시간에 대한 후회가 한꺼번에 터져 나는 큰 소리를 내며 울었다. 그리고 얼마가 지났을까. 내 어깨를 끌어안는 아버지의 체온이 느껴졌다.

"상훈아, 내가 미안하다. 직장 때문에 외지로만 떠도느라 너를 보살펴주지 못해서 미안하다. 아버지가 다 잘못한 거다."

자책하는 아버지의 모습을 보며 나는 또다시 눈물을 흘리고 말았다. 말없이 어깨를 두드려주는 모습에서 나는 태어나 처음으로 아버지의 사랑을 느낄 수 있었던 것이다.

그날 나는 뼈저리게 깨달았다. 사람은 사랑하는 사람에게 자신이 가치 있는 존재라는 것을 깨닫게 되는 순간, 세상을 향해 도전할 수 있는 큰 힘을 얻게 된다는 것을.

그날 이후로 나는 전혀 다른 나로 변해갔다. 다시 꿈을 꾸게 되었던 것이다. 다시 학교에 나가 잘못에 대한 처벌을 달게 받았다. 그리고 집에서 학교로, 학교에서 도서관으로, 도서관에서 집으로만 오가며 죽기 살기로 공부했다. 그 결과 한양대학교 경영학과에 당당히 합격할 수 있었다.

누구에게나 어느 순간 현실적인 문제나 어떤 다른 문제로 인해 꿈에 대한 도전이 사치라고 느껴져 포기하고 싶을 때가 올 수 있다. 그러나 절대 꿈을 포기하지 말고 생각을 긍정적으로 바꿔보라. 지금 이 순간의 시련이 꿈을 이루기 위한 아주 훌륭한 자산이 될 것이다.

어려움이 닥칠 때면 나는 항상 칭기즈칸의 말을 떠올리며 의지를 다잡는다.

집안이 나쁘다고 탓하지 마라.

나는 아홉 살 때 아버지를 잃고 마을에서 쫓겨났다.

가난하다고 말하지 마라.

나는 들쥐를 잡아먹으며 연명했고 목숨을 건 전쟁이 내 직업이고
내 일이었다.

작은 나라에 태어났다고 말하지 마라.

어릴 때는 그림자 말고는 친구도 없었고, 병사는 10만, 유럽까지
정복했을 때 우리 백성은 어린애, 노인까지 합쳐 200만도 되지
않았다.

배운 게 없다고, 힘이 없다고 탓하지 마라.

나는 내 이름도 쓸 줄 몰랐으나 남의 말에 귀 기울이면서 현명해
지는 방법을 배웠다.

너무 막막하다고, 그래서 포기해야겠다고 말하지 마라.

나는 목에 칼을 쓰고도 옥에서 탈출했고 뺨에 화살을 맞아 죽다
살아나기도 했다.

적은 밖에 있는 것이 아니라 내 안에 있었다.

나는 내 안에 있는 거추장스러운 것들은 깡그리 쓸어버렸다.

나를 극복하는 그 순간 나는 칭기즈칸이 되었다.

꿈의
지도를 그려라

2015년 말 세계야구소프트볼연맹(WBSC)이 세계 랭킹 상위 12개 국 대표팀을 한데 모아 〈프리미어 12〉 대회를 개최했다. 치열한 경쟁 끝에 초대 우승은 대한민국이 차지했다. 결승전으로 가는 마지막 길 목 4강전 상대는 드라마틱하게도 만났다 하면 손에 땀을 쥐는 명승 부를 연출하는 일본이었다.

기억하는가? 준결승전에서 8회까지 3대 0으로 끌려가다가 9회 마 지막 공격에서 단숨에 4점을 뽑아내며 대역전극을 펼쳤던 우리 태극 전사들을! 그야말로 전 국민을 열광의 도가니에 빠지게 한 기적 같은 역전승이었다.

그런데 그날의 경기에서 유독 내 눈에 띈 선수는 안타깝게도 한국이 아닌 일본의 대표선수였다. 예선전뿐만 아니라 준결승전에서도 대한민국 국가대표팀에 무득점의 수모를 안긴 스물셋의 오타니 쇼헤이가 바로 그 주인공이었다.

대회가 끝나고 난 뒤에도 훤칠한 키와 준수한 외모 그리고 야구에 대한 진지한 열정이 가득하던 일본인 투수가 좀처럼 잊히지 않았다. 그러던 중 우연히 뉴스에서 그에 대한 기사를 읽고 나는 감탄사를 터뜨릴 수밖에 없었다.

〈프리미어 12〉에서 우리나라와의 첫 경기와 준결승전 모두 선발 투수로 나와 한 점도 허용하지 않은 '괴물투수' 오타니 쇼헤이의 '목표달성표'가 화제다. 오타니 쇼헤이는 하나마키히가시 고등학교 재학 시절부터 '8구단 드래프트 1순위'를 목표로 무려 80개의 세부 목표를 나누어 세웠다.
그는 '몸 만들기', '구위', '제구', '변화구' 등 투수로서 갖춰야 할 실력 측면에서의 목표와 '인간성', '멘탈', '운' 등 프로선수로서 갖춰야 할 부분까지 신경 썼다. 한편, MLB.COM은 그를 '지구상에 있는 21살 투수 중 최고'라고 평가했다.

– 「한국스포츠경제」, 2015년 11월 24일자

오타니 쇼헤이는 고등학교 때부터 '80가지 목표 달성법'으로 꿈을 구체적으로 그렸고, 철저한 실행을 통해 오늘의 실력을 만들 수 있었던 것이다. 당신은 어떤가? 당신은 꿈을 어느 정도 구체화시켜 실행하고 있는가?

내 주위의 자수성가한 이들에게 이런 질문을 해본 적이 있다.

"어느 시절이 가장 힘들고 고통스러웠다고 생각하는가?"

다양한 분야에서 활약하는 이들이었지만 돌아오는 대답은 엇비슷했다. 모두들 20대가 가장 힘들고 고통스러웠다고 말했다. 이유도 비슷했다. 무엇 하나 명확히 정해진 것이 없었고, 가벼운 주머니 탓에 걱정과 시름만이 하루하루를 가득 채웠기 때문이라고.

나 역시 다르지 않았다. 20대의 내가 부딪힌 세상은 난공불락의 철옹성 같았다. 온갖 난관을 물리치고 철옹성의 영주가 되느냐, 영주의 지배를 받느냐는 오롯이 나에게 달려 있었다. 누구 하나 나를 대신해 줄 수 없다는 걸 나는 알고 있었다. 그리고 난관을 헤쳐 나가기 위해서는 막연한 계획표가 아닌, 기계의 설계도처럼 꼼꼼하고 구체적인 계획표가 필요하다는 것도 알고 있었다.

10년 후를 설계하라

고등학생이었던 오타니 쇼헤이가 '8개 구단 드래프트 1순위'라는 아주 구체적인 꿈을 꾼 것처럼, 꿈을 이루기 위해서는 확실한 목표가 있어야 한다.

확실한 목표가 있느냐 없느냐는 항해의 도착지가 있느냐 없느냐와 같다. 목적한 곳이 없는 배가 어떻게 망망대해를 헤치고 나아갈 수 있을까? 폭풍우 치는 바다를 뚫고나가는 힘은 목적지에 대한 꿈 때문이다. 꿈을 잃어버린다면 어떤 상황에서도 힘차게 돛을 올리지 못하는 법이다.

나는 어릴 적부터 성공한 기업가가 되겠다는 꿈을 꿨다. 그것도 아주 구체적이었다. 수십 년 전의 일이라 초등학교 생활통지표는 사라지고 없지만, 장래희망 란에 다른 친구들이 의사, 과학자, 판검사, 선생님, 대통령이라고 적을 때 나는 언제나 '대기업 회장'이라고 적었던 것이 지금도 기억난다.

세밀하게 계획하라

아무리 유명한 화가라 할지라도 밑그림을 먼저 그려야만 비로소 채색을 할 수 있다. 꿈도 마찬가지다. 성공적인 첫발을 내딛으려면 체계적인 꿈의 지도를 그려야 한다. 허황되지 않고 충분히 실현가능성이 있는 꿈의 지도를 아주 정교하게 그려야 한다. 그렇지 않다면 그건 가짜 보물지도에 불과하다.

앞에서 이야기했지만 사업가가 되겠다는 꿈을 꾼 뒤로 나는 부모님의 반대를 무릅쓰고 고등학교도 인문계가 아닌 상업계로 진학했다. 재무, 회계 등 보다 실용적인 공부를 할 수 있다는 이유 때문이었다. 대학도 경영학과에 입학해 경제, 경영, 인사 등에 대해 집중적으로 공부했다. 사업가가 되기 위한 전체적인 틀을 짰던 것이다. 물론 예측한 대로 삶이 흘러가진 않겠지만, 미리 전체적인 틀을 짜보아야 어려움이 닥치더라도 당황하지 않고 대처할 수 있다.

정보가 곧 자본이다

꿈을 위한 계획은 고정된 것일까, 변화하는 것일까? 꿈과 목표 자체는 확정되어 있다 하더라도 그것을 이루는 계획은 얼마든지 수정이 가능하다. 아니, 보다 정확하게 말하자면 수정이 없는 계획은 죽은 계획과 다를 바가 없다. 시간이 흐를수록 끊임없는 변수가 등장하며 그에 따른 변화가 불가피하기 때문이다. 변수를 무시하고 고집스럽게 원칙만을 주장한다면 도태되고 낙오될 가능성이 크다.

지금은 인터넷이나 다양한 방법으로 국내외의 경제 흐름을 쉽게 파악할 수 있지만, 내가 대학에 다닐 때만 해도 최신 정보를 얻는 것은 무척이나 어려웠다. 정보를 얻을 수 있는 수단이라는 건 기껏해야 신문이나 잡지가 전부였다.

그럼에도 나는 국내 정세와 세계 경제의 흐름을 파악하기 위해 최선을 다했고, 그 정보를 분석하고 연구하면서 차세대 사업에 대해 끊임없이 고민했다. 뒤에 자세히 이야기하겠지만 내가 특수화물 운송이라는 사업 아이템을 정했을 때도, 관련 정보를 얻기 위해 각종 일간지와 경제 잡지를 닥치는 대로 읽고 스크랩했다. 그런 노력이 있었기 때문에 보다 세밀한 미래의 계획을 세울 수 있었다.

정보는 은행에 예금한 돈과 같다. 언제든 필요할 때마다 찾아서 쓸 수 있다. 아주 사소한 정보라도 나의 꿈과 연결되어 있다면 식신(食神)처럼 집어삼켜야 한다.

사소한 것을 놓치지 마라

꿈을 이루기 위해서는 사소한 것에 집중해야 한다. 대부분의 사람들은 사소한 것에 주목하지 않는다. 큰 그림을 그리는 일이 더 중요하고 사소한 건 크게 중요하지 않다고 치부하기 일쑤다. 하지만 세계적인 발명가나 사업가들은 사소한 것에 더 큰 관심을 가졌기 때문에 성공할 수 있었다. 우리가 놓친 것들을 그들은 발견하고, 그 속에서 성공을 찾아낸 것이다.

내가 첫 사업으로 특수화물 운송을 선택한 것 역시 우연히 겪은 사소한 사건에서 시작되었다. 어느 날 나는 길을 걷다가 유독물질이 담긴 드럼통을 가득 싣고 위험하게 곡예운전을 하는 트럭을 목격했다. 사실 그 당시엔 흔하게 볼 수 있는 일이었다. 하지만 그 순간 내 머릿속으로 섬광과도 같은 아이디어가 지나갔다. 경제가 발전하고 국민생활의 질이 높아질수록 안전한 운송에 대한 수요가 높아질 거라는 생각이었다. 바로 특수화물 운송이라는 새로운 사업 아이템이 발아한 순간이었던 것이다. 이어 나는 향후 5년 안에 국내에서 가장 큰 화공약품 운수회사를, 10년 후에는 석유저장기지를 만들겠다는 세밀한 계획을 세웠다.

누군가 나에게 다시 무일푼의 20대 청춘으로 돌아가겠냐고 물어본다면, 나는 일말의 망설임도 없이 그렇게 하겠다고 대답할 것이다. 그 시절, 아무것도 가진 것이 없었지만, 적어도 내게는 멋진 꿈의 지도가 있었기 때문이다.

청춘이라는 단어는 생각만으로도 가슴을 뛰게 만든다. 청춘은 평생 동안 단 한 번밖에 가질 수 없는 무한의 밑천이다. 그 밑천으로 당장 꿈의 지도를 그려보라.

원하는 일에
전부를 걸어라

처음 사업을 시작하려는 이들이 가끔 나를 찾아와 묻는다.

"최선을 다한다면 반드시 성공할 수 있겠죠?"

그들이 열심히만 하면 성공할 수 있다는, 그러니 자신감을 가지라는 격려의 말을 듣고 싶어 한다는 걸 나는 알고 있다. 하지만 나는 항상 그들의 희망에 찬물을 끼얹었다.

"최선만으로 어떻게 성공을 합니까? 목숨을 걸어야죠! 그렇지 않을 거라면 아예 시작도 하지 마세요."

세상을 유심히 관찰해 보라. 최선을 다한다고 원하는 꿈을 움켜쥘 수 있는 세상인지를! '열심'은 기본 옵션에 불과하다. 지금도 수많은 이들이 성공을 위해 최선의 노력을 다하고 있다. 하지만 결과적으로 성공하는 사람은 극소수이다. 이유가 뭘까?

나는 이렇게 말하고 싶다. 이순신 장군처럼 '필사즉생, 필생즉사(必死則生 必生則死)'의 각오로 꿈을 향해 달려가는 사람이 의외로 드물기 때문이라고.

'죽을 각오로 싸우다'라는 말은 배수진을 치며 전투를 앞둔 병사들만의 각오가 아니다. 우리네 삶은 말 그대로 전쟁터다. 상대방과의 경쟁에서 살아남아야 하는 혹독한 현실 속에서 당신만큼이나 남들도 최선을 다하며 살고 있다는 사실을 명심해야 한다. 소프트뱅크의 손정의 회장은 이에 대해 다음과 같이 말한 적이 있다.

"한 가지 일에 결사적으로 매달릴 수 있는 인생은 행복한 인생이다. 몰두할 수 있는 일을 만났다면 목숨까지 걸 수 있어야 한다."

최선만으로는 성공하지 못한다. 원하는 일에 목숨을 걸어라! 아니면 아예 시작도 하지 마라.

◆ ◇ ◆ ◇

행운, 열정, 여행, 첫사랑, 연애……, 언제나 가슴을 뛰게 만드는 단어들이다. 그중에서도 나는 '열정'이라는 단어를 떠올리면 아직도 마음이 두근거린다. 열정 하나만으로 숨 가쁘게 달렸던 지난날이 떠오르기 때문이다.

청년 시절 자신감과 열정만을 믿고 시작했던 사업은 손대는 족족 크게 성공을 거두었다. 하지만 화려한 성공 이면에는 지옥처럼 힘겹고 험난한 과정이 있었다. '살인적인 스케줄'이라는 말을 들어보았을 텐데, 이는 인기 연예인에 국한된 말이 아니었다. 한창 바쁠 때 나는 밤새 파리로 날아가 점심을 먹으며 사업 미팅을 했다. 낭만의 도시 파리를 거닐 생각은 꿈도 꿀 수 없었다. 미팅이 끝나자마자 숨 돌릴 틈도 없이 바로 독일로 날아가 저녁을 먹으며 바이어와 미팅을 해야 했다. 그리고 그날 밤 비행기로 한국으로 돌아와 집이 아닌 사무실로 직행해서 밀린 일을 처리해야 했다. 그게 다가 아니었다. 커피 한 잔을 마시며 잠시 숨을 돌리고 있으면, 곧바로 미국행 비행기 티켓이 책상 위로 던져졌다. 어찌나 바빴는지 한 달 일정을 따져보니 땅보다 하늘에서 더 많은 시간을 보낸 때도 많았다. 그렇게 정신없이 뛰다보니 발톱이 엉망이 되어 몇 번이고 뽑아내야 했다. 그래도 단 한 번도 과로로 쓰러지는 일 없이 사업을 꾸려갈 수 있었다.

어떤 이는 그런 나를 두고 타고난 체력 덕분이라고 했지만, 내 생각은 다르다. 내게는 반드시 꿈을 이루어내겠다는 열정이 있었다. 열정이 있었기에 나는 꿈을 이루었다고 단언할 수 있다.

젊은 시절 자본, 기술, 인력 등 내 꿈을 이루기 위해 필요한 모든 것이 내게는 부족했다. 그럼에도 나는 부나방처럼 사업이라는 불길 속으로 뛰어들었다. 활활 타올라 죽는 한이 있더라도 불을 향해 무모하게 달려들었던 것이다. 너무나 힘들어 하루에도 몇 번씩 포기하고 싶었지만 열정에 기대어 이를 악물고 버텼다. 그렇게 버티고 버티다 보니 어느새 나는 성공한 사업가로 변신해 있었다.

어떤 이들은 성공한 사업가들에게 운칠기삼(運七技三)이라는 말을 하며 노력보다는 운에 성패가 달렸다고 얘기하곤 한다. 하지만 나는 그 말을 절대 믿지 않는다. 운이라는 건 엄청난 열정과 노력에 뒤따라오는 보상일 뿐이다. 때문에 노력하지 않는 사람은 자신에게 찾아온 운을 성공의 기회로 활용하지 못한다. 허무하게 스쳐 보낼 뿐이다. 그렇기에 지금도 나는 언제든 곧바로 사업의 격전지로 떠날 수 있게 옷과 세면도구가 들어 있는 여행 가방을 방 한 구석에 놓아두고 있다.

지난 세월 억척스럽게 사업을 경영해온 선배로서 묻고 싶다.

당신에게는 죽음을 무릅쓸 수 있는 열정이 있는가? 그럴 준비가 되었는가? 꿈을 향해, 모든 걸 내던질 수 있겠는가? 성공의 크기는 열망의 깊이에 좌우된다. 크게 성공하고 싶으면, 죽을 만큼 열망하라!

02

부딪치고, 깨지고, 일어서라

스스로 찾는 이에게
기회는 찾아온다

흔히 인생을 살다보면 세 번의 기회가 온다고 한다. 이 말은 나의 경험상 100퍼센트 틀린 말이다. 기회라는 건 어떤 이에게는 한 번도 안 올 수 있고, 어떤 이에게는 수없이 많이 올 수도 있다. 영국의 철학자 프랜시스 베이컨은 기회에 대해 이렇게 말했다.

"현명한 사람은 기회를 발견하는 것이 아니라 스스로 만들어낸다."

기회라는 건 길가에 떨어진 황금을 그저 줍는 것을 의미하는 것이 아니다. 황금을 줍기 위해 어둔 밤, 모두가 잠든 시간에 기꺼이 길을 나서는 것이 바로 기회의 진짜 의미다.

사우디아라비아 왕립대학교에 입학할 기회를 얻다

강남의 중심지 '테헤란로'의 이름이 하필이면 이란의 수도 테헤란 인지 아는가? 반대로 이란의 테헤란에 가면 '서울로'라는 이름의 거리가 있다는 것을 알고 있는가?

오늘날 이란은 핵 개발과 반서방 정책 등의 문제로 세계의 질서를 어지럽히는 부정적인 이미지를 갖고 있다. 하지만 1979년 호메이니가 이슬람 혁명을 일으켜 정권을 잡기 전까지만 하더라도 이란은 팔레비 국왕이 지배하던 친서방 국가였고, 대한민국과도 친밀한 관계를 맺고 있었다. 그래서 1977년 테헤란의 시장이 서울을 방문해 도시 간 자매결연을 맺었는데, 이를 기념해 양국의 수도 이름을 딴 도로를 만들게 되었던 것이다. 이것이 지금까지도 양국에 테헤란로와 서울로가 있게 된 연유다.

내가 대학 생활을 하던 1970년대만 하더라도 중동의 오일 파워는 엄청났다. 지금도 마찬가지지만 대한민국의 중동에 대한 석유 의존도는 절대적이었고, 안정된 석유 확보를 위해서 정치인은 물론이고 기업인들도 문턱이 닳도록 중동을 드나들어야 했다. 제 돈 주고 사는데도 산유국의 눈치까지 살펴가며 거래할 수밖에 없었던 것이다. 이와 맞물려 중동의 건설 붐을 좇아 수많은 한국의 근로자들이 열사의 사막에서 피와 땀을 흘리며 외화 벌이에 열을 올리던 시절이었다.

그 즈음 나는 친구와 함께 이태원에 위치한 이슬람 사원을 자주 찾곤 했다. 종교적인 이유에서가 아니라 향후 내가 하고 싶은 사업의 청사진을 그려보기 위해서였다. 당시의 중동시장은 내게 신세계나 다름없었고, 중동에 관한 최신 정보를 조금이라도 얻을 수 있을까 싶어 이슬람 사원을 주말마다 찾았던 것이다.

그러던 어느 날이었다. 사우디아라비아 국왕의 삼촌인 칼리드가 방한을 했는데, 평소 앓던 신경통이 오랜 비행으로 다시 도지는 바람에 휠체어를 타고 입국했다는 소식이 이슬람 사원을 찾은 내 귀에 들려왔다. 뭔가 기회가 왔다는 촉이 왔다. 신경통에는 침술만 한 치료법이 없지 않나! 내 머릿속에서 국왕의 삼촌, 신경통, 침술이라는 단어들이 마구 섞이기 시작했다. 이 재료들을 잘만 버무린다면 무언가 흥미진진한 일이 벌어질 것 같았다.

나와 친구는 곧바로 실력이 뛰어나다고 소문난 신촌의 모 한의원 원장을 찾아갔다. 그러고는 다짜고짜 사우디아라비아 국왕의 삼촌에게 침을 놓아달라고 부탁했다. 원장 입장에서는 얼마나 황당한 일이었겠는가? 새파랗게 젊은 청년들이 대뜸 찾아와 외국 국왕의 삼촌이라는 사람에게 침을 놓아달라고 하니! 당연히 단박에 거절당했다. 하지만 우리는 포기하지 않고 끈질기게 원장을 설득했다. 외국의 왕족에게 침을 놓을 기회가 평생을 살면서 한 번이라도 있겠냐고, 만약 성공한다면 국위선양에도 큰 도움이 되고, 병원 홍보에도 엄청난 효과가 있지 않겠냐며 그럴듯한 이유를 들어 회유를 했던 것이다. 처음에는 말도 안 되는 소리라고 고개만 내젓던 원장도 우리의 집요함과 끈기에 못 이겨 마침내 제안을 수락하고 말았다. 그렇게 원장을 설득한 우리는 곧바로 이슬람 사원에서 예배를 주관하던 이맘(Imam)을 찾아가 자초지종을 설명하고 칼리드에게 연락을 취해줄 것을 부탁했다. 물론 일이 성사될 거라는 확신은 없었다. 다만 할 수 있는 최선을 다하고 나머지는 하늘에 맡겨 볼 뿐이었다.

"연락이 올까? 아무래도 힘들겠지?"

"밑져야 본전이지. 혹시 알아? 기다려보자고."

하지만 우리의 '혹시나 하는 마음'은 현실이 되었다. 이틀 뒤, 이슬람 사원으로 국왕의 삼촌이 침술 치료를 받아보겠다는 연락이 왔던 것이다. 우리는 서로를 부둥켜안고 환호성을 질렀다.

지금도 그날의 기억이 또렷하다. 친구와 함께 세탁소에서 가장 좋은 양복을 빌려 입고 호텔의 스위트룸을 걷던 일, 맹랑한 동양의 젊은 청년들을 바라보던 칼리드의 눈빛도 잊히지 않는다. 그를 데리고 한의원을 찾던 일, 혹시라도 잘못되면 뒷감당을 어찌할지 몰라 바들바들 떨며 침을 놓던 원장의 손놀림까지도 생생하다. 결과적으로 우리의 계획은 완벽하게 성공했다. 첫날 침을 맞고 허리 통증이 줄어드는 것을 몸소 체험한 칼리드는 체류기간 내내 한의원을 찾았고 결국 가뿐히 일어나 걸을 수 있게 되었던 것이다.

우리에게도 보상이 주어졌다. 방한 일정을 마친 칼리드가 원하는 게 무엇이냐고 물었던 것이다. 우리는 주저하지 않고 사우디아라비아의 왕립대학에 들어가고 싶다고 말했다. 사우디왕립대학은 국왕의 사인을 받아야만 들어갈 수 있는 곳이었다. 그곳에 입학하면 장학금도 받을 수 있었기 때문에 집에 손을 벌리지 않고도 대학을 다닐 수 있었다. 게다가 한창 중동 바람이 불던 때가 아니었던가! 무궁무진한 가능성이 있는 곳이었다. 칼리드는 굳게 약속을 하고 고국으로 돌아갔고, 그날부터 우리는 사막에서 멋들어지게 낙타를 타고 돌아다니는 달콤한 상상을 하며 하루하루를 들뜬 마음으로 보냈다.

하지만 한 달, 두 달, 시간이 흘러도 칼리드로부터 소식은 오지 않았다. 그렇게 1년이 지났을 때, 우리들 앞으로 날아온 것은 입학허가서가 아닌 군대 징집영장이었다.

"멋진 경험이었잖아. 기회는 얼마든지 있으니까 미련 갖지 말자."

아쉬웠지만 우리는 즐거운 추억을 가질 수 있었다는 것에 만족하고 입대를 했다. 그런데 입대한 지 얼마 뒤에 집에서 연락이 왔다. 초청장과 함께 사우디아라비아 왕립대학 입학허가서가 날아왔다는 것이었다. 제대까지는 2년이나 남았는데 말이다! 결국 왕립대학 입학은 무위로 돌아가고 말았다. 당시에는 너무 안타까웠지만 어쨌든 내 판단과 노력이 실패하지 않았다는 것만은 증명된 셈이었다.

도전하지 않으면 기회는 결코 오지 않는다

다산 정약용은 유배지에서 『목민심서』, 『경세유표』, 『흠흠신서』 등 500여 권에 달하는 방대한 저술을 남겼다. 만약 그가 유배지에서 자신의 슬픈 신세를 한탄하기 바빴다면 어땠을까? 그는 자신 앞에 놓인 암울한 상황을 하나의 기회로 탈바꿈시켰다. 당신은 지금 다산처럼 유배지, 감옥에 있는가? 현실이 감옥이라고? 내게는 배부른 소리로 들린다.

도전하지 않기 때문에 기회가 없는 것이다. 아직 기회를 잡지 못했다고 한탄하지 마라. 대신 세상을 보는 안목을 넓히며 항상 깨어 있어라. 호시탐탐 기회를 노려라.

그래야만 언젠가 생각지도 못했던 기회가 슬그머니 다가와 당신의 어깨를 툭 치며 "나 여기 왔다"고 말할 때, 재빨리 낚아챌 수 있다.
"행동의 씨앗을 뿌리면 습관의 열매가 열리고, 습관의 씨앗을 뿌리면 성격의 열매가 열리며, 성격의 씨앗을 뿌리면 운명의 열매가 열린다."
미국의 철학자 윌리엄 제임스의 말이다. 운명의 열매를 맺기 위해서 당신이 지금 당장 해야 할 것은 행동하는 것이다. 당장 움직여라. 움직여야 기회가 보인다!

잃는 걸
두려워하지 마라

우리는 제각각 자신만의 생활 패턴을 유지하며 살아가고 있다. 매일매일 입는 옷의 스타일이 비슷하고, 먹는 음식도 어제와 오늘이 크게 다르지 않다. 그런 연유로 자신의 취향에 맞는 옷이나 음식을 파는 곳을 자주 찾게 된다. 이른바 단골손님이 되는 것이다.

실제로 '장사 중에 제일 좋은 게 단골 장사'라는 말이 있다. 그만큼 사업하는 사람에게는 자신의 물건을 고정적으로 이용해주는 단골이 세상에서 가장 소중한 사람일 것이다. 그런데 취향의 문제를 떠나 단골이 되는 경우도 있다. 같은 값이면 인심이 후하거나 친절한 곳을 찾게 되는 경우가 바로 그렇다.

나는 어린 시절 장을 보는 할머니 손에 이끌려 구미의 재래시장을 자주 가곤 했다. 그런데 수십 년이 흐른 지금도 기억에 또렷이 남는 장면이 있다. 바로 쌀집에 관련된 기억이다.

할머니께서는 장을 볼 때면 꼭 단골집만을 찾아 다니셨는데, 쌀집도 예외는 아니었다. 얼마 떨어지지 않은 곳에 다른 쌀집이 있었는데도 단 한 번도 그 쌀집엔 가지 않으셨다. 할머니의 단골집은 언제나 손님들로 문전성시를 이뤘지만, 다른 집은 뜨내기손님이나 잘 모르는 사람들이 가뭄에 콩 나듯 찾곤 했다. 똑같은 품질의 곡식을 파는데 왜 그렇게 차이가 났을까?

이유는 딱 하나였다. 장사가 잘되는 쌀집의 주인은 곡식을 넉넉하게 되에 담아주었다. 그 양은 언제나 손님이 주문한 것보다 많았다. 심지어 너무 많이 줬다며 되레 손님이 덜어내는 경우까지 있었다. 하지만 다른 쌀집의 주인은 되에 쌀을 담고는 불룩하게 솟은 부분을 막대기로 야박하게 깎아내기에 바빴다. 결국 그 쌀집은 얼마 못 가 문을 닫았다. 반면 인심 좋은 쌀집에는 날이 갈수록 단골손님들도 늘어 재산을 많이 모았다. 그 주인은 '내 것을 먼저 내주면 반드시 다시 돌아온다'는 삶의 진리를 몸소 터득하고 있었던 것이다.

버스회사 총무부장으로 사회에 첫발을 내딛다

3년의 복무 기간을 채우고 군대를 제대한 나는 복학을 준비했다. 뒤늦게 도착한 사우디아라비아 왕립대학 입학허가서가 못내 아쉬웠지만 그렇다고 한숨만 내쉬지는 않았다. 기회를 만든 것은 그 누구도 아닌 나 자신이었기 때문이다. 언제든 멋진 기회를 만들 능력이 있다고 자신했던 것이다. 그리고 기회는 내 예상처럼 얼마 지나지 않아 다시 찾아왔다.

대학 복학을 기다리던 어느 날이었다. 대학 동창인 친한 친구로부터 다급한 연락이 왔다. 친구의 삼촌이 사당동에 위치한 버스회사를 인수했는데 도와줄 사람이 필요하다고 했다. 칼리드에게 침을 놓은 일이 대학 동기들 사이에서 널리 퍼져 있었고, 이를 친구가 눈여겨보았던 것이다.

"하루라도 빨리 사회에 뛰어들고 싶다며? 좋은 기회 같은데 어때?"

나는 친구의 제안을 흔쾌히 받아들였다. 복학하기 전에 짧지만 사회 경험을 쌓을 좋은 기회라고 생각했던 것이다. 그런데 막상 출근해보니 아차 싶었다. 말이 버스회사이지 내부 사정은 너무나 열악했다. 운행하는 버스도 몇 대뿐이라 사업성도 희박해 보였고, 무엇보다 회사 소유의 부지가 없어 버스들을 공터에 세워둔 채 운행하고 있었다. 그럴듯한 사무실을 기대하는 것도 언감생심이었다. 그런데 한 술 더 떠 친구 삼촌이 선심 쓰듯 총무부장이라는 직책을 던져주며 회사의 기틀을 잡아달라고 신신당부를 하는 게 아닌가!

"조카 녀석이 자네 칭찬을 어찌나 많이 하던지. 총무부장 자리 줄 테니까 한번 해 봐."

기가 막혔다. 사회생활의 첫걸음을 부장부터 시작하는 사람이 세상에 어디 있겠는가? 그만큼 체계 자체가 잡혀 있지 않은, 한마디로 가만히 두면 몇 개월도 못 가 휘청거릴 게 눈에 보였다. 그러니 괜히 하겠다고 했나 싶어 후회가 밀려들 수밖에.

하지만 나는 내가 한 말에 책임을 지고 싶었다. 그리고 솔직히 말해, 아무것도 없는 허허벌판 같은 회사의 상황이 매력적으로 느껴지기도 했다. 위에서 주어진 일만 기계처럼 하는 자리가 아니라 부딪쳐 깨지더라도 내 능력이 어디까지인지 알아볼 수 있는, 내 능력을 십분 발휘할 수 있는 자리였기 때문이다. 부정적인 상황을 긍정적인 기회로 바꿔 생각한 것이다.

나는 출근하자마자 우선적으로 처리해야 할 문제가 무엇인가부터 파악했다. 가장 시급한 것은 차고지 확보였다. 공터를 무단으로 점유해 사용하는 바람에 인근 주민들로부터 항의가 끊이지 않았기 때문이다. 나는 차고지를 확보하기 위해 계획을 세우고 추진해 나갔다. 먼저 개인 토지와 하천 부지를 합한 1,000여 평을 확보해 서울시에서 등기를 받아냈다. 그리고 확보한 부지에 아스팔트를 깔고 벽돌로 담을 세웠다. 그랬더니 그제야 버스회사 모양새가 갖춰졌다. 내친김에 미등기 상태였던 사무실 건물도 완벽하게 취득을 마쳤다.

사장은 아직 사회에 정식으로 발을 내딛지도 않은 대학생이 발이 닳도록 뛰어다니며 회사의 모양새를 갖춰나가는 것을 보고 칭찬을 아끼지 않았다. 나 역시 힘은 들었지만 눈앞의 결과물에 절로 신이 났다. 하지만 회사의 외양을 갖춘 것은 시작에 불과했다. 운행하는 버스도 많지 않은데 하루도 사고가 나지 않는 날이 없었던 것이다.

"총무부장님, 경찰서에서 들어오랍니다."

당시 내가 가장 많이 들었던 말 중에 하나였다. 나는 크고 작은 추돌사고, 인사사고, 도난사고 때문에 경찰서를 밥 먹듯 들락거려야 했던 것이다. 버스가 사람이라도 치는 날에는 피해자 가족들한테 멱살까지 잡혀야 했다. 민원이 들어오면 구청, 시청으로 뛰어가기 바빴고, 검찰에까지 불려갈 때도 있었다. 그야말로 하나부터 열까지 다 내 손으로 해결해야 했고, 나는 전천후 인간이 되어야만 했다. 결국 얼마 동안만 사회 경험을 하고 곧바로 복학하겠다는 처음의 생각은 자연스럽게 사라지고 말았다.

'내가 왜 이러고 있지?'

일이 너무 힘들 때면 후회가 밀려들 때도 있었다. 일부러 사서 하는 고생 얼른 때려치우고 다른 동기들처럼 막걸리를 마시면서 밤새도록 인생을 논하고, 예쁜 여자 친구를 만나 영화 관람도 하며 대학 생활의 낭만을 즐기고 싶기도 했다. 하지만 그때마다 지금의 경험은 돈을 주고도 사지 못하는 귀한 것이며, 앞으로 내가 사업을 하게 될 때 아주 중요한 밑천이 될 것이라며 마음을 다잡았다. 그렇게 바쁘게 회사 일에 묻혀 살던 어느 날이었다.

큰 것을 위해 작은 것은 과감히 던져라

"알다시피 버스 노선을 늘리지 않으면 앞으로도 회사가 발전할 가능성이 없지 않겠어? 자네가 한번 방법을 찾아보게."

나는 사장의 갑작스런 지시에 깜짝 놀랐다. 당시 회사의 버스노선은 사당동과 봉천동이 종점이었는데, 문제는 탑승객이 많지 않아 수익이 얼마 나지 않았다는 것이다. 만약 사장의 말처럼 사당동 노선을 과천까지, 봉천동 노선을 안양까지 연장할 수만 있다면 훨씬 많은 이익이 남을 것이었다.

하지만 버스노선 연장은 말처럼 쉬운 일이 아니었다. 연장하고자 하는 노선의 관할구역이 경기도였기에 경기도지사의 승인이 필요했다. 그런데 몇 번이나 서류를 갖춰 승인심사를 넣어도 족족 반려가 될 뿐이었다. 과천과 안양에 위치한 운수회사들의 강한 반발 때문이었다. 이쪽은 서울 변두리의 신생 버스회사였고 저쪽은 관록 있는 경기도의 대형 버스회사들이었으니 힘의 차이가 너무 컸다.

어떻게 문제를 풀어야 할지 마땅한 답이 나오질 않던 어느 날이었다. 신문기사를 보던 나는 머릿속에 떠오른 한 가지 생각에 무릎을 쳤다. 나는 곧바로 사장을 찾아가 내가 찾은 해답을 제시했다.

"사장님, 지금 있는 차고지는 좁아서 넓은 곳으로 이전해야 하잖습니까? 그러니 이번 기회에 회사 땅을 정부에 주고 그만큼의 부지를 경기도 땅으로 받는 건 어떻겠습니까?"

"자네 제정신이야? 땅값만 얼마가 손해인지 알고서 하는 소리야?"

당시 1,000여 평의 버스회사 부지는 사당동에 위치해 있었다. 한마디로 노른자위 땅이었다. 그걸 포기하고 경기도의 땅을 받아 이전하자니 당연한 반응이었다.

"하지만 사장님, 경기도까지의 노선 연장은 저희 회사의 미래가 달린 일입니다. 당장의 손해를 생각지 마시고 조금 더 멀리 보고 판단해주십시오."

경기도 지역으로 버스노선을 뚫을 수 있는 방법은 내 판단엔 그것뿐이었다. 시류에 거스르지 않고 잘 타고 넘어가는 것, 한치 앞보다는 열 걸음, 백 걸음 앞을 내다보는 것 역시 경영의 한 방법이라고 나는 생각했다. 하지만 내가 독단적으로 결정할 수는 없었다. 어쨌든 경영자의 선택에 달렸던 것이다.

"사장님, 제가 볼 땐 합리적인 투자입니다."

"그러니까 자네 말은 앞을 본 투자라 이 말인데, 후일을 책임질 수 있겠어?"

"혹시라도 일이 잘못된다면 제가 책임지겠습니다."

나는 단호하게 대답했다. 그제야 사장도 허락을 했다. 그리고 나의 예측은 맞아떨어졌다. 정부 측에서는 우리의 제안을 수락하는 조건으로 회사의 노선을 변경시켜 주었고, 그 결과 경기도 운수회사들과 나란히 경쟁할 수 있게 되었다.

간혹 주식 뉴스를 보면 급등락으로 인해 하루 만에 수백, 수천억 원의 돈을 잃거나 버는 경우를 볼 수 있다. 만약 당신이 그 주인공이라면 어떤 기분일까? 하루아침에 당신의 재산이 수백억 원이 불어났다가 다시 허공으로 날아가 버린다면? 돈이 아깝다는 생각에 휩싸여 전전긍긍하는 순간, 내리막길에 접어들게 된다. 돈이라는 건 어느 한 곳에 가두어둘 수 있는 것이 아니다. 돈은 돌고 돌지 절대 정해진 곳에 머물지 않는다. 다시 말해 돈을 잘 흘러가게 해야만 성공한 사업가가 될 수 있다는 것이다.

복학 때까지만 사회 경험을 쌓겠다고 들어갔던 버스회사에서 나는 2년이라는 시간을 보냈다. 우연찮게 찾아온 기회에서 나는 세상을 톡톡히 배울 수 있었다. 열악한 환경에서 일하는 운전기사와 버스안내양, 정비사들과 함께 지내며 그들의 어려운 삶을 느낀 것 또한 잊지 못할 경험이다. 실제로 20대 중반의 나이에 경험한 그들과의 만남은 이후 내가 최고경영자가 되어 직원들을 이해하는 데 큰 도움이 되었다.

지금 당신 앞에 무언가 새로운 일이 찾아왔는가? 신중하게 판단해야 하는 건 당연한 이치다. 그렇다고 미리 넘어질 걱정부터 하는 건 금물이다. 젊음이라는 건 가진 것이 얼마 없다는 말과 같다. 그러니까 손에 쥔 작은 것을 잃을까 두려워하지 말고 앞을 향해 전진해라. 처음부터 가진 게 얼마 없었지 않은가.

사업은 투자의 연속이다. 사업을 하다 보면 내 것을 먼저 내주어야 하는 상황이 반드시 온다. 내 손에 쥐고 있는 작은 것에 연연한다면 큰 것을 잃게 될 수도 있다는 걸 명심해야 한다. 사업가에게는 때로는 과감히 내던질 수 있는 승부사적인 기질이 꼭 필요하다.

새로운 모험에
과감히 뛰어들어라

　니콜라스 카의 『유리감옥』에는 캐나다 브리티시콜롬비아 주에 살던 인디언 부족 슈쉬압(Shushwap)에 대한 흥미로운 이야기가 나온다.

　슈쉬압 부족은 20~30년에 한 번씩 일부러 마을의 터전을 옮겼다. 그들의 터전은 사냥감과 열매가 풍부한 축복받은 땅이었다. 생존을 위해 굳이 다른 곳으로 거주지를 옮길 필요가 전혀 없었다. 그럼에도 대자연 속에서 삶의 지혜로 무장한 부족 원로들의 생각은 달랐다.

　'지금은 행복하고 풍요롭지만, 한곳에 오래 머물수록 삶에 대한 도전의식이 사라진다. 도전이 없는 삶이란 아무 의미가 없다.'

그런 이유로 원로들은 마을 주민들을 이끌고 새로운 터전을 찾아 길을 떠났다. 마실 물의 위치를 파악하고, 사냥감의 이동 경로와 과실수 군락을 찾는 고난의 여정을 다시 시작했던 것이다. 요즘 말로 하면 사서 고생이랄까. 그러나 원로들의 예상처럼 정체되어 있던 부족의 삶은 다시 활기를 띠기 시작했다. 용사들의 기름진 배에 다시 근육이 차오르기 시작했고, 사냥감을 쫓는 걸음이 빨라졌으며, 얼마 되지 않는 그날의 사냥물을 함께 나누는 기쁨을 누릴 수 있었다.

인간은 누구나 두려움을 가지고 있다. 두려움의 종류에는 미래, 건강, 취직, 퇴직, 창업, 연애에 관한 것 등 셀 수 없을 정도로 다양하다. 그런데 많은 사람들이 일이 벌어지기 전부터 두려움을 갖곤 한다. 그렇게 되면 온갖 부정적인 상상에 휩싸여 일이 닥치기도 전에 가능성의 싹을 스스로 잘라버리게 된다. 이는 아주 어리석은 행동이다. 누차 얘기했듯이, 젊음 그 자체가 재산이고 희망이다. 용기를 내라. 두려워해야 할 이유는 어디에도 없다.

버스회사를 박차고 나와 석유회사에 취직하다

버스회사에서 일하는 동안 나는 여러 분야의 사람들을 만나 두터운 친분을 쌓을 수 있었다. 그러던 어느 날 그중 한 분이 한국과 이란의 합작투자를 통해 울산에 정유회사를 건설한다는 소식을 접하게 되었다. 바로 S오일의 전신인 한이석유회사였다.

버스회사가 안정궤도에 올라선 덕분에 짬을 내어 학교 수업을 병행하던 나는 소식을 듣자마자 곧바로 그분을 찾아가 창립멤버로 함께 일하고 싶다는 뜻을 밝혔다. 그리고 신생 버스회사를 2년 만에 알짜배기 회사로 만든 능력을 인정받아 총무이사 자리를 확답받았다. 그야말로 파격적인 인사였다. 물론 버스회사 사장은 나의 급작스러운 행보를 이해하지 못하고 적극 만류했다.

"김부장, 내가 섭섭하게 해준 거 있어? 한창 잘나가는 회사를 옮기는 이유가 대체 뭐야? 원하는 게 있으면 뭐든지 말해. 내가 다 들어줄 테니까!"

나는 주저하지 않고 대답했다.

"이곳에 있으면 사장님 말씀처럼 돈은 많이 벌겠지만, 행복하지는 않을 것 같습니다. 어릴 적부터 제 꿈이 큰 사업가가 되는 거였습니다. 힘들더라도 도전해보고 싶습니다."

내 말을 듣고 한참을 생각에 잠겨 있던 사장은 결국 이직을 허락해주었다. 그렇게 나는 석유회사로 자리를 옮겼다. 드디어 내가 꿈꾸던 석유사업에 뛰어들게 된 것이다.

하지만 처음부터 고난의 연속이었다. 당시 나는 불과 스물아홉 살이었다. 버스회사를 꾸려나가느라 대학 졸업도 유예한 상태였다. 그런 내가 임원 자리를 꿰차고 들어오는데, 고운 시선으로 바라보는 이들이 있었겠는가? 지금이야 능력만 뛰어나면 20, 30대의 젊은 인재도 충분히 기업의 임원이 될 수 있지만, 당시의 사회 분위기는 그렇지 않았다. '연공서열'이라는 확고부동한 잣대가 존재했던 것이다. 결국 주위의 곱지 않은 시선을 돌리는 방법은 한 가지밖에 없었다. 내 능력을 인정받는 것, 그것 말고는 다른 방도가 없었다.

나는 전국 각지에 주유소와 가스충전소를 짓고, 새로운 사업소를 개발하는 업무를 맡아 밤낮으로 뛰어다녔다. 당시 석유업계에는 한이석유 외에도 H상사, M상사 등 기라성 같은 회사가 많았다. 그 틈바구니에서 살아남으려면 노력에 노력을 더하는 수밖에 없었던 것이다. 그렇다 보니 집에 들어간 날이 손에 꼽을 정도였다. 버스회사를 다니면서 터득했던 '사람이 재산'이라는 생각에 많은 사람들을 만났고, 그들에게 아낌없이 베풀었다. 하지만 그 결과 언제나 최고의업무성과를 달성할 수 있었다. 내 열정과 노력이 인정받기 시작한 것이다.

그러나 그만큼 후유증도 컸다. 너무 많이 돌아다녔는지 양쪽 엄지발톱이 곪아 버렸던 것이다. 걸을 때마다 느껴지는 지독한 통증은 발가락이 차라리 없었으면 싶을 정도로 고통스러웠다. 서너 번을 뽑았는데도 곪고 또 곪아서 지인의 소개를 받고 홍콩까지 날아가 발톱을 치료받은 적도 있었다. 지금도 날씨가 궂으면 발가락부터 아프다. 그렇게 바쁘게 생활하며 회사를 착실히 키워갔지만, 어느 날 나는 회사를 떠날 결심을 했다.

좋은 자리도 오래 있을 자리가 아니면 미련 없이 떠나라

내가 석유사업에 뛰어들어 발톱을 뽑는 고통까지 참아가며 죽어라 뛴 목적은 회사를 튼실한 법인기업으로 만들겠다는 꿈이 있기 때문이었다. 그래서 수차례 사장에게 컨소시엄을 통해 회사를 키워나가야 한다고 제안했다. 하지만 내 제안은 언제나 반려되었다. 사장은 주유소를 무조건 개인사업자로 지었다. 그것은 결국 법인의 성장이 아닌 개인의 재산 축적만을 고려하고 있다는 뜻이었다.

아무리 생각해도 이건 아니다 싶었다. 나이는 어려도 업무 능력을 인정받아 높은 직위와 적지 않은 월급을 받았지만, 이곳에서는 더 이상 발전이 없겠다고 나는 결론지었다. 회사는 클지 몰라도, 나는 쳇바퀴 안의 다람쥐처럼 제자리 뛰기만 반복할 게 눈에 선했다. 아무리 좋은 자리라 하더라도 오래 있을 자리가 아니라는 확신이 선다면 떠나야 했다. 나는 그렇게 과감히 사표를 내고 회사를 나왔다.

내가 만일 현실에 안주했다면 어땠을까? 회사에 남았다면 임원이 되어 고액의 연봉을 받으며 편안한 생활을 했을지도 모른다. 하지만 결코 한 기업의 경영자가 될 수는 없었을 것이다.

현대 경영학의 대가 피커 드러커 박사는 저서 『실천하는 경영자』

에서 다음과 같이 얘기했다.

"일본의 점령과 전쟁을 겪은 한국이 눈부신 경제성장을 이룩할 수 있었던 것은 '기업가 정신의 실천' 덕분이다."

그러나 뛰어난 기업가 정신으로 한강의 기적을 일으킨 대한민국의 오늘날 현실은 어떠할까? 세계적 직접판매기업인 암웨이(Amway)가 매년 조사해 발표하는 '기업가 정신 지수(AESI)'에서 2015년 조사대상 44개국 중에서 대한민국은 28위에 링크되었다. 1위를 차지한 건 중국이었다.

특히 대한민국의 젊은이들을 대상으로 창업을 하지 않는 이유에 대해 조사한 결과, '현실적인 실패에 대한 두려움'이라고 답한 응답자가 90퍼센트에 육박했다고 한다. 이는 세계의 평균치인 70퍼센트와 비교해 무려 20퍼센트나 높은 수치였다. 실제로 미래의 한국을 이끌어갈 청년들이 도전보다는 정년이 보장된 공무원 시험에 매달리고 있는 것이 작금의 현실이다. 실패에 대한 두려움 때문에 도전할 생각마저 접고 있는 것이다.

그럼에도 불구하고 실패를 두려워하지 않는 청년들은 여전히 존재한다. 그들에게 불확실한 미래는 가로막혀 돌아가야 할 벽이 아니다. 부수고 지나가야 할 대상에 불과하다.

나이는 숫자에 불과하다고 하는데, 이는 그저 말장난일 뿐이라고 나는 생각한다. 현실적으로 나이가 들수록 도전할 수 있는 일은 점점 사라진다. 또한 도전할 용기도 점점 작아진다. 하루라도 더 젊을 때, 도전해라. 그것이 젊음의 특권이다.

당신은 지금 당신의 자리에 만족하는가? 아무리 좋은 위치에 있더라도 자신의 꿈과 방향이 맞지 않는다고 판단되면 미련 없이 버리고 떠날 줄 알아야 한다. 새로운 도전을 찾는 과감함이 당신의 꿈을 성공으로 이끌 것이다.

가장 먼저
깃발을 꽂아라

다음의 질문에 해당하는 기업을 알고 있는가?

1. 인터넷 유저의 사진을 한곳에 보관함으로써 사용 편리성을 높이기 위해 개발된 사업 모델로 시작한 기업은?

2. 인터넷 유저의 이메일을 관리해 주는 것을 사업 모델로 시작한 기업은?

3. 기업들만 사용할 수 있던 툴박스를 가정으로 배달해 사용할 수 있게 해주는 사업 모델로 시작한 기업은?

정답은 순서대로 페이스북, 구글, 마이크로소프트다. 이 기업들의 공통점이 무엇이라고 생각하는가? 바로 글로벌 기업으로 발돋움했음에도 불구하고 그들의 사업 초기 모델은 지극히 단순했다는 사실이다. 결코 복잡하거나 거대하지 않았다. 차이가 있었다면 그들은 기존의 시장을 붕괴시킬 새로운 패러다임으로 무장하고 있었다는 것이다. 그들은 과거와 단절하고, 과거의 규칙을 깨부수고 새로운 블루오션 시장을 스스로 만들어 오늘의 위치에 올랐다.

당신은 성공의 길을 걷기 위해서 어느 길을 선택하고 싶은가? 이미 검증되어 널리 알려진 길? 아니면 아무도 가지 않는 미지의 길? 전자는 선례들을 참고할 수 있다는 강점이 있다. 그만큼 실패할 확률을 줄일 수 있다. 하지만 1등이 되기는 어렵다는 단점도 가지고 있다. 반면, 미지의 분야에 대한 도전은 타산지석으로 삼을 선례가 없다. 오직 자신의 열정과 노력만으로 이루어내야 한다. 그러나 위험한 도전과 무수한 난관을 이겨낸다면, 성공은 보장된다.

첫 사업, 특수화물 운송업에 뛰어들다

과감히 사표를 내고 회사 문을 나오는 순간부터 내 머릿속은 '창업'이라는 두 글자로 가득했다. 하지만 창업 아이템을 선정하는 일은 쉽지 않았다. 잘나가던 회사에 사표까지 던지고 나왔는데, 음식 장사를 할 수도 없는 노릇 아닌가!

문제는 괜찮겠다 싶은 시장에는 이미 경쟁자들이 너무 많았다는 것이다. 획기적인 사업 아이템을 찾아야 하는데 정보도 턱없이 부족했다. 결국에는 열심히 발로 뛰며 시장조사를 하는 수밖에 없었는데, 막상 이거다 싶은 아이템이 쉽게 눈에 띄지 않았다. 그렇게 조바심에 속이 바짝바짝 타들어가던 어느 날이었다.

길을 걷던 나는 시끄러운 경적소리에 흠칫 놀라 고개를 돌렸다. 화학약품이 담긴 드럼통들을 가득 적재한 트럭이 4차선 도로를 빠르게 달려가다 갑자기 튀어나온 차량을 피해 급정거를 하고 있었다.

"저렇게 운송하다가 사고라도 난다면 큰일인데……."

나는 화물차 기사가 자기가 운송하는 물건이 얼마나 위험한 독극물인지 제대로 안다면 운전을 저렇게 할까 싶어 혀를 찼다. 만약 트럭에서 드럼통 하나라도 도로 위에 떨어진다면 그 피해는 상상조차할 수 없을 것이기 때문이었다. 그때, 머릿속에 번뜩 떠오르는 게 있었다.

"바로 이거다!"

나는 석유회사에 다니며 여러 화학회사와 거래를 했고, 자연스럽게 석유 관련 분야에 대한 폭넓은 지식을 쌓을 수 있었다. 가령 염소(Cl)는 수돗물을 정화시키기 위해 없어서는 안 되지만, 염소 가스가 공기 중에 0.1퍼센트만 누출되어도 주위 환경이나 동식물에 치명적인 타격을 입힐 수 있었다. 또 농질산(HNO₃)은 액체 샴푸나 세제 등을 만드는 데 사용되는 화학물질이지만, 운동화에 한 방울만 떨어져도 구멍이 뚫릴 정도로 독성이 강하다. 이처럼 화공약품은 유독성이 강하기 때문에 매우 조심스럽게 다루어야만 했다.

그런데 1980년대 초반만 하더라도 대한민국은 자동차도 제대로 생산하지 못하는 나라였다. 상황이 그러니 유독물질인 화공약품을 전문적으로 운송한다는 건 누구도 상상하지 못할 때였다. 어쩔 수 없이 드럼통에 화공약품을 담아 전국 각지로 운송하는 게 고작이었는데, 사고라도 난다면 대형사고로 이어질 수밖에 없었다.

또 다른 문제는 독한 화공약품을 담았던 드럼통들의 재활용이었다. 일정 기간 화학회사에서 사용된 드럼통들은 사용기간이 지나면 반드시 폐기해야 하는데, 실제로는 암암리에 전국 각지에 팔려나갔던 것이다. 그렇게 팔려나간 드럼통이 어디에 사용되었을까? 대폿집의 고기 굽는 테이블로 사용되고, 고구마를 굽는 통이나 김치, 깍두기, 각종 젓갈 등의 음식을 저장하는 데 버젓이 사용되었다. 아무리 깨끗하게 세척해도 잔여 유해물질이 남을 수밖에 없는데, 그에 대한 위생의식조차 없었던 것이다.

"앞으로 산업이 급속도로 발전하게 되면 운송수단 역시 필연적으로 발전하게 될 수밖에 없다. 그중 하나가 아무런 안전장치도 없이 허술하게 관리, 운송되고 있는 특수화물 운송일 게 틀림없다!"

사업의 성공을 확신한 나는 그날부터 화공약품을 안전하게 운송하는 특수화물 운송사업 구상에 착수했다. 내게는 버스회사를 일군 경험이 있었기에 운송 부문에는 자신이 있었다.

과감히 도전하고 끊임없이 변화하라

1976년 불과 21세의 나이에 스티브 잡스가 세운 애플은 매킨토시로 대표되는 새로운 컴퓨터로 시장에 돌풍을 일으켰다. 그러나 결과적으로 스티브 잡스는 제 손으로 스카우트한 존 스컬리가 장악한 이사회의 결정에 의해 쫓겨났다. 잡스의 독단적인 경영 방식이 회사의 이익에 부합하지 않는다는 이유 때문이었다. 하지만 잡스를 쫓아내고 안정적인 투자와 경영을 선택한 애플의 매출은 오히려 급속히 내리막길을 걸었고, 결국 구원투수로 다시 잡스를 복귀시킬 수밖에 없었다.

애플에 복귀한 스티브 잡스가 가장 먼저 주목한 사업은 무엇이었을까? 잡스는 불법 음악파일 교류가 활성화된 당시의 시장에 주목했다. 이런 상황을 지켜보며 향후 인터넷을 기반으로 하는 디지털 콘텐츠가 새로운 사업 영역으로 등장할 것이라고 예견했던 것이다. 이에 따라 잡스는 iMovie, iDVD, iPhoto, iTunes 등의 'i 시리즈' 소프트웨어 개발에 착수했고, 그의 예상은 맞아떨어져 애플은 암울한 세월을 떨쳐낼 수 있었다. 스티브 잡스는 시대의 흐름이 어떻게 바뀌는지를 제대로 파악해냈던 것이다.

마찬가지로 내가 선택한 특수화물 운송업 역시 우리나라의 산업 발전과 맞물려 새롭게 떠오르는 블루오션이었다. 하지만 그만큼 실패의 위험부담이 크기도 했다. 오로지 자신의 노력으로 하나부터 열까지 그려나가야만 하기 때문이었다. 내가 구상한 사업을 지인들에게 말했을 때 모두들 고개를 가로저은 이유도 그 때문이었다.

그러나 나는 내 뜻을 굽히지 않았다. 반드시 내 말대로 될 것이라고 호언장담했다. 그리고 결과적으로 내 예측은 맞아떨어졌다. 가장 먼저 운송수단의 변화를 예측하고 사업을 시도한 내가 특수화물 분야에서 독보적인 존재가 되었던 것이다.

여수에서 탱크로리 3대로 사업을 시작한 나는 불과 10여 년 만에 울산, 여천, 목포, 평택 등지에 대규모 물류터미널과 석유저장시설을 만들 수 있었다. 시대의 흐름에 따른 변화를 간파하고 주저 없이 도전한 결과였다.

주위에서는 나를 두고 '운이 정말 좋은 놈'이라고 말했다. 그러나 그들의 말처럼 나의 성공이 운이 좋다는 말로 설명될 수 있을까? 아니다. 내 성공의 원천은 새로운 분야에 대한 과감한 도전과 끊임없는 변화에 있었다. 변화에 대한 과감한 도전 말이다.

경제는 살아 있는 생물이라고 일컬어진다. 그만큼 끊임없이 변화하며 시시각각 모양을 바꾼다는 것이다. 어떤 분야에서 선두주자로 성공하기 위해서는 시대 흐름에 주의를 기울여야 한다. 빠르게 변화하는 경제 상황을 파악해 발 빠르게 대응하고 적응해야만 어떤 분야에서든 성공할 수 있다.

급격히 변화되는 사회를 제대로 따라가지 못한다면 이 치열한 경쟁사회에서 도태되기 쉽다. 대중은 항상 새로움을 갈망하고 있다. 사업가에게는 그 갈망을 채워줄 무언가가 필요하다. 나는 그 무언가를 다름 아닌 '변화'라고 말하고 싶다.

배짱과 끈기로
길을 터라

　'후츠파(Chutzpah)'라는 말이 있다. 히브리어로 무례, 시건방짐, 철면피 따위의 부정적인 뜻을 가진 단어다. 그런데 후츠파에는 동전의 양면처럼 용기와 배포, 도전성 같은 긍정적인 의미도 내포되어 있다. 새로운 것에 대한 과감한 도전을 뜻하는 것이다.

　이 후츠파 기질 혹은 후츠파 정신은 보통 이스라엘인 특유의 기질을 말할 때 곧잘 쓰인다. 이스라엘인은 세계 최고의 민족이라는 자긍심이 높은 민족으로 잘 알려져 있다. 이런 높은 자긍심 탓에 다른 민족을 눈 아래 두는 무례한 기질 또한 다분하다. 하지만 역대 20퍼센트가 넘는 노벨상 수상자를 배출했고, 전 세계 500대 기업의 경영진 중 40퍼센트가 이스라엘인이라는 놀라운 결과를 배출할 수 있었던 건 아마도 이러한 기질 덕분이라고 나는 생각한다. 기업가에게 후츠파 기질이란 현재의 규칙에 허리 숙이지 않고, 자신감으로 무장해 과감하게 새로운 것을 만드는 중요한 자산일 수 있다.

특수화물 운송으로 창업 아이템을 정한 나는 사업계획서를 쓰기 시작했다. 사업가는 사업계획서를 만들 때 엄청난 꿈과 희망에 부풀어 오른다. 사업 성공 시에 얻게 될 달콤한 이익이 머릿속에서 불꽃놀이의 폭죽처럼 펑펑 터지기 때문이다. 물론 정확하고 객관적인 리스크도 상정해 분석하지만, 당연히 실패에 대한 가능성은 언제나 축소되기 마련이다. 꿈틀거리는 성공에의 욕망이 리스크 자료를 슬그머니 옆으로 치워놓는 것이다. 어쩔 수 없는 일이다. 그것이 사업의 본질이니까. 단 몇 퍼센트의 성공 가능성을 향해 돈키호테처럼 달려드는, 어찌 보면 무모한 도전. 난관을 뚫고 나가며 실패의 가능성을 조금씩 낮춰, 마침내 성공의 달콤한 축배를 드는 것. 그것이 사업의 참된 기쁨이 아니겠는가!

나 역시 온갖 청사진을 그리고 지우기를 반복하며 사업계획서를 작성했다. 컴퓨터도 없던 시절이라 한 글자 한 글자 정성을 다해 사업계획서를 적어나갔다. 며칠 밤을 새워도 피곤한 줄을 모를 정도였다. 그렇게 쓰고 지우길 반복한 끝에 마침내 만족할 만한 사업계획서가 나왔다.

하지만 내 앞에는 커다란 난관이 버티고 있었다. 사업을 하려면 특수화물을 실어 나르는 탱크로리가 필요했고, 외국에서 수입해야 할 탱크로리는 워낙 고가여서 내 능력만으로는 도서히 구입이 불가능했던 것이다. 의지할 곳은 은행밖에 없었다.

하지만 예나 지금이나 은행 문턱은 숨이 턱턱 막힐 정도로 높다. 은행을 찾아 한 번이라도 대출을 받아본 이라면 고개를 끄덕일 것이다. 특히 기업 대출은 준비해야 할 서류도 엄청나고 심사도 까다로워서 당시의 내 처지로는 심사를 통과할 가능성이 거의 없는 것과 마찬가지였다.

하지만 나는 포기하지 않았다. 포기는커녕 반드시 사업자금을 마련할 수 있을 거라 자신했다. 바로 은행 최고 책임자인 은행장을 만나 담판을 짓겠다는, 배짱 좋은 계획을 짰던 것이다.

결전의 날 아침, 나는 일찍 일어나 찬물로 세수를 하고는 집을 나섰다. 전날 밤 마지막까지 사업계획서를 수정 보완하느라 두어 시간 눈을 붙인 게 전부였지만, 피곤은 전혀 느끼지 못했다. 그리고 얼마 뒤 서울 소공동에 위치한 상업은행(현 우리은행)에 도착한 나는 출입문 앞에서 잠깐 발걸음을 멈추고 말았다.

율리우스 카이사르가 군대를 이끌고 루비콘 강을 건너 이탈리아 북부로 진격하면서 "주사위는 던져졌다!"라고 말했듯이, 눈앞의 문

을 밀고 들어서면 운명의 주사위도 내 손을 떠나 승이든 패든 돌이
킬 수 없을 거라는 생각이 들자 마음이 살짝 흔들렸던 것이다. 마음
이 약해지면 부정적인 생각이 불쑥불쑥 튀어나오게 마련인지라 '경
비원에게 붙잡혀 쫓겨나면 어쩌지?', '은행장이 사업계획서를 거들떠
보지도 않으면 어쩌지?' 하는 걱정들이 떠올랐다. 하지만 배짱과 끈
기가 없는 사업가는 바람 빠진 공과 같다. 이리저리 차이다가 구석에
처박혀 아무도 거들떠보지 않는 그런 공 말이다. 나는 심호흡을 하
고는 '까짓 거 오늘 실패하면 다음에 또 오면 되지 않겠어? 은행장이
외계인도 아닌데 못 만나기야 하겠어?' 하며 부정적인 생각을 지워
버렸다. 그리고 출입문을 힘차게 밀고 들어갔다.

"무슨 용무로 오셨습니까?"

로비를 지나 엘리베이터로 걸어가자 예상대로 경비원이 막아섰다.
나는 아무렇지도 않게 대답했다.

"행장님 만나러 갑니다."

눈을 부릅뜨고 당당하게 대답하는 내 태도에 경비원이 냉큼 자릴
비키며 엘리베이터 버튼까지 눌러주었다. 심지어 잘 다녀오라고 인
사까지 했는데, 만약 사정을 알았다면 내 멱살을 잡고 쫓아냈을 것이
다. 나의 태도와 말투에 사전에 미리 약속을 하고 방문한 거라고 착
각했던 것이다.

잠시 뒤 벨소리와 함께 엘리베이터 문이 열리고 복도 끝에 행장실

이 보였다. 나는 한순간의 머뭇거림도 없이 복도를 지나 행장실 문을 두드렸다. 그러자 행장실이 아닌 옆방 문이 열리며 사십대 중반으로 보이는 점잖게 생긴 남자가 나타나 날카로운 눈초리로 나를 바라보며 물었다.

"실례지만 무슨 일로 오셨습니까?"

"행장님 만나러 왔습니다."

"행장님을요? 약속은 하셨습니까?"

자신을 비서실장이라고 소개한 남자는 꼬치꼬치 묻기 시작했다.

"약속은 안 했지만 만나서 할 얘기가 있습니다."

내 얘기에 비서실장의 얼굴에 어처구니없다는 표정이 떠올랐다.

"약속도 안 하고 어떻게 행장님을 만나려고 합니까?"

"꼭 약속을 해야만 만날 수 있습니까? 용건이 있으면 만날 수 있는 것 아닙니까?"

"허허, 뭐 이런 사람이 다 있어? 얼른 돌아가요. 지금 행장님 안 계십니다."

비서실장이 헛웃음을 터트리며 손사래를 쳤다. 하지만 호랑이굴에 들어왔는데, 이대로 쉽게 돌아가라고? 있을 수 없는 일이었다. 나는 안 된다고, 못 나가겠다고 버텼다. 말이 통하지 않자 비서실장은 경비원들을 불렀다.

잠시 뒤 경비원 두 명이 헐레벌떡 뛰어왔다. 그중 한 명은 로비에서 만났던 그 경비원이었다. 비서실장이 잡상인을 함부로 들여보내면 어떻게 하냐며 경비원들을 꾸짖었다. 나는 나 때문에 사색이 된 경비원에게 미안해 되레 큰소리를 쳤다.

"경비원분들이 무슨 죄가 있습니까? 내가 내 맘대로 들어왔는데! 은행장이 뭘 그렇게 대단하다고!"

비서실장은 어이없다는 표정으로 날 바라보다가 당장 끌어내라고 버럭 소리를 질렀다. 말이 떨어지기가 무섭게 경비원들이 내 팔을 잡고 끌어내려 했다. 하지만 그대로 끌려 나가면 끝장이라는 생각에 나는 사업계획서가 든 봉투를 끌어안고 바닥에 주저앉아 버렸다.

"이거 놔요! 은행장님 만나기 전엔 절대 못 나간단 말입니다!"

그렇게 한참을 실랑이를 벌였다. 그 모습을 쭉 지켜보던 비서실장이 헛웃음을 지으며 물었다.

"허 참, 젊은 사람이 진짜 배짱 한번 기가 막히네. 도대체 행장님은 왜 만나려는 거요?"

"왜긴 왜입니까? 돈 빌리러 왔죠. 행장님 오실 때까지 여기에서 꼼짝 않고 기다릴 겁니다."

가만히 생각에 잠겨 있던 비서실장은 타협안을 내놓았다.

"그럼 이렇게 합시다. 우선 나한테 사업계획서를 보여줘 봐요. 타당성이 있으면 내가 직접 소개를 시켜드릴 테니."

잠시 뒤 나는 비서실 탁자 위에 준비해온 사업계획서를 펼치고는 거침없이 설명을 시작했다.

"현재 우리나라의 특수화물 운송은 매우 열악해서 독극물, 폐기물 들을 드럼통에 넣어 나릅니다. 만일 운송 도중에 사고라도 나면 대형 사고로 이어지게 될 수밖에 없는 상황입니다. 교통사고의 위험만을 말하는 게 아닙니다. 비서실장님도 밖에서 식사를 많이 하실 텐데, 식당에서 사용하는 김치나 젓갈이 어떻게 유통되는지 아신다면 아마 드실 생각이 싹 사라질 겁니다. 왜냐하면 드럼통을 활용한답시고 김치와 젓갈 등을 담는데, 통 안의 유해물질이 제대로 제거되지 않은 상태라 이겁니다. 이는 온 국민의 건강에 큰 문제를 초래하는 심각한 상황이 아닐 수 없습니다. 이를 해결하기 위해서는 전문적인 운송수 단을 갖춘 업체를 통해 항구에서 산업현장으로 화학약품을 운송해 야만 합니다."

내가 당시 작성한 사업계획서를 간략하게 열거하면 다음과 같다.

1. 액체 운반 : 기초 석유화학 중에서도 자일렌, 크실렌, 톨루엔 등 적정온도 유지가 필수인 화공약품은 특수 탱크로리 차량으로 안 전하게 운반해야 한다.
2. 기체 운반 : 염소, 수소, 암모니아, LPG, C3, C4, CO_2, 액화천연 가스 등의 물질은 위험성이 높으므로 역시 특수화물 차량으로 운반해야 한다.

3. 고체 운반 : 국민소득이 높아질수록 플라스틱 원료인 PE, PP, PS 등의 특수화물 운송시장은 커질 것이다.

내 사업 계획을 유심히 들은 비서실장은 결국 혀를 내둘렀다.

"진짜 못 말리겠군. 젊은 친구 열정을 봐서라도 도와주고 싶어진단 말이야."

"그럼 은행장님을 만나게 해주시는 겁니까?"

"은행장님 자리에 안 계시다고 아까 얘기했잖소. 대신 내가 여신본 부장을 연결시켜 줄게요. 어때요? 여기까지가 내가 할 수 있는 최대 한의 배려인데."

나는 고개를 끄덕였고, 잠시 뒤 여신본부장을 만날 수 있었다. 비 서실장이 뭐라고 했는지 본부장 역시 흥미로운 얼굴로 내 사업계획 서를 검토했고, 얼마 뒤 나는 신용보증기금에서 보증서를 발급받아 특수화물차 3대를 구입할 돈을 대출받을 수 있었다.

그리고 3년 뒤, 나는 비서실장에게 호언장담했던 대로 이자를 포함 한 대출금을 모두 갚을 수 있었다. 내가 작성한 사업계획서처럼 산업 발전에 따른 운송수단의 변화가 100퍼센트 맞아떨어졌던 것이다.

이 이야기를 통해 하고 싶은 말은 사업자금을 마련할 길이 막막하 다면 은행장실로 밀고 들어가라는 것이 결코 아니다. 내가 강조하고 싶은 요지는 이것이다.

당신이 가진 생각과 아이디어가 아무리 뛰어나더라도 당당함이 없으면, 상대방은 마음을 닫아버린다. 스스로에게 자신이 있다면 당당해져라. 당당하게 말하고 당당하게 행동해라.

내가 사업자금을 대출받을 수 있었던 가장 큰 요인 역시 두둑한 배짱과 끈기였다고 나는 확신한다. 나이 들어 건방지면 잘못 살았다고 손가락질을 받지만, 젊었을 때는 한껏 건방져도 된다. 그것 역시 젊음의 특권이다.

혼자가 아닌
함께를 선택하라

누구나 아는 사실이지만 혼자서는 세상을 살아갈 수 없다. 당신 역시 지금 이 순간에도 타인과 영향을 주고받으며 살아가고 있을 것이다. 누군가에게 도움을 주기도 하고 도움을 받기도 하면서 말이다.

당신이 도움을 주는 상황이라면 별문제가 없을지도 모른다. 하지만 반대로 도움을 받는 상황이라면 종종 문제가 생기기도 한다. 특히 도움을 받는 것이 익숙하지 않은 사람이라면 그동안 단단히 쌓아올린 자존심에 상처를 받는다고 생각할 수도 있다. 그런 사람들은 결국 도움이 필요함에도 불구하고 도움의 손길을 거절하고 만다. 본인은 상대방에게 고갤 숙이지 않고 자존심을 지켰다고 생각할 수 있겠지만, 과연 그런 행동이 옳은 일일까?

때로는 타인의 도움도 기꺼이 받아들이는 자세가 필요하다. 도움을 받음으로써 더 나은 방향으로 발전할 수 있기 때문이다. 물론 처음부터 끝까지 모든 일을 스스로 이루어내면 그 성취감이나 기쁨이 훨씬 클 것이다. 그러나 누누이 얘기하지만 세상은 그렇게 호락호락하지 않다. 우리는 누군가의 도움을 받아야 하고, 누군가에게 도움을 주어야 한다. 그럴 때가 인생에는 분명히 있다. 그것이 바로 인생의 법칙이다.

마라톤 선수를 예로 들어보자. 완주를 앞둔 마라톤 선수가 있다. 결승선까지는 1킬로미터 남짓 남았다. 그런데 탈수 증상으로 인해 더 이상 발걸음을 떼기가 힘들었다. 물 한 모금만 마시면 결승선까지 충분히 갈 수 있을 것 같은데, 경쟁선수와 자리다툼을 벌이다가 마지막 식수대에서 음료수를 얻을 기회를 놓치고 말았다. 타는 갈증에 숨을 쉬기가 힘들다. 시야도 점점 가물가물해진다. 그때 길가의 행인이 선수에게 물병을 던져준다. 벌컥벌컥 물을 마신 선수는 힘을 내어 결승선을 통과한다. 행인의 도움이 아니었다면 선수는 경기를 포기해야 했을 것이다.

인생은 이와 비슷하다. 아무리 뛰어난 사람이라 할지라도 타인의 도움을 받아야 할 때가 분명히 온다. 그러니 힘들다면, 누군가의 도움이 필요하다면, 그때 도움의 손길이 찾아온다면 뿌리치지 말고 꽉 붙잡아라. 도움을 감사하게 받아들이는 것은 큰 용기이며 자신감의 또 다른 표현이다. 그 마음을 잊지 말고 간직하고 있어라. 훗날 성공한 뒤 당신도 누군가의 성공을 도와주면 되는 것이다.

간절한 꿈은 주위를 변화시킨다

몇 해 전 전 세계 출판시장을 강타한 론다 번의 『시크릿』을 읽어본 적 있는가? '원하는 것을 간절히 열망하면 우주의 모든 기운을 강력하게 끌어당겨 원하는 것을 성취하게 도와준다.' 『시크릿』을 관통하는 것은 바로 이 '끌어당김의 법칙'이었다.

책이 출간된 뒤 많은 설전들이 오갔다. 과연 책의 내용처럼 '간절히 원하면 모든 게 이루어질 수 있는가?'가 주된 논점이었다. 그렇다면 실패한 사람들은 간절히 원하지 않았기 때문이냐는 자조 섞인 질문이 거세게 일었던 것이다.

물론 끌어당김의 법칙을 믿고 안 믿고는 각자의 몫이다. 하지만 적어도 내게 끌어당김의 법칙을 믿느냐고 묻는다면, 나는 주저 없이 그렇다고 대답할 것이다. 왜냐하면 사업을 하면서 끌어당김의 법칙을 느낀 적이 한두 번이 아니었기 때문이다. 나는 사업을 시작하기도 전부터 끌어당김의 법칙을 온몸으로 체감했다. 사업계획서 하나만 들고 돈키호테처럼 상업은행 은행장실에 무작정 들이닥친 그날을 생각해보라!

비서실장은 은행에서 잔뼈가 굵은 사람이다. 지금도 기억이 난다. 내 눈빛을 살피던 그의 날카로운 눈초리를. 그때 그는 내게서 간절한 열망과 꿈을 이룰 수 있다는 확신을 읽은 것이 아니었을까? 만약 비서실장의 도움이 아니었다면 내 사업은 한참 늦게 시작되었을지도 모른다.

도움이 필요하다면 적극적으로 구하라

만약 힘든 상황을 알고 내가 요청하기 전에 누군가가 도움을 준다면 그야말로 감사한 일이다. 하지만 그렇지 못한 경우에는 내가 먼저 힘든 상황을 다른 이에게 알리고 도움을 구하는 적극적인 자세가 때론 필요하다.

도움을 요청하는 것이 곧 자신의 나약함을 드러내는 일이라 생각해 어려움을 알리는 것조차 꺼릴 수도 있다. 다른 사람들이 나를 얕잡아보지 않을까 싶기도 하고, 거절당할지 모른다는 걱정이 들 수도 있다. 이렇게 우물쭈물하다 보면 도움을 구할 수 있는 적당한 때를 놓치게 되고, 결국 당면한 문제를 해결하기 위한 시도조차 할 수 없게 되어 버린다.

그러나 이런 마음을 갖고 있다면, 차라리 로빈슨 크루소처럼 무인도에서 혼자 사는 게 낫다. 정글 같은 세상에서 누구의 도움도 없이 혼자 일을 처리하기란 불가능에 가깝다. 경영자도 마찬가지다. 아무리 자존심이 강한 경영자라도 때론 직원들에게 도움을 요청해야 한다. 그런 상호보완 없이 기업은 살아남지 못한다.

당신이 만약 도움을 요청하는 데 익숙하지 않다고 여긴다면, 그건 기꺼이 결과를 받아들이는 마음가짐이 부족하기 때문이다. 도움을 요청하기 전에는 상대의 마음을 알 수 없다. 상대는 도움을 줄 수도 있고, 주지 않을 수도 있다. 하지만 어떤 결과가 나오든 간에 기꺼이 결과를 받아들일 수 있다면 그건 큰 문제가 되지 않는다. 물론 부탁을 거절당한다면 섭섭한 마음이 생길 것이다. 그러나 자신에겐 왈가왈부할 권리가 없음을 인정하자. 거절했다고 상대방을 미워해서도 안 된다. 나름 거절할 만한 이유가 있고 사정이 있기 때문이라고 생각하면 그만이다.

그렇다면 거절당했다고 그대로 포기해야 할까? 아니다. 당신을 도와줄 또 다른 사람을 찾아보는 것이다. 이심전심(以心傳心)이라고 했다. 뜻을 세우고 열정을 다해 노력하는 모습을 보인다면, 누군가는 반드시 당신의 손을 잡아줄 것이다.

당신의 열망을 과감히 드러내라

목표를 이루기 위해서는 당신의 열망을 감추지 말고 세상에 당당히 보여야 한다.

나는 버스회사와 석유회사에서 근무하는 내내 직장인으로서 성공 가도를 달렸다. 그러나 두 곳 다 경영자들과 내가 바라보는 목표가 달랐기 때문에 오래 머무를 수는 없었다. 내가 경영자가 된다면 그들과는 다르게 해낼 자신이 있었다. 그때부터 나는 간절히 열망했다.

'사회에 공헌하는 큰 기업의 경영자가 되고 싶다.'

'나의 경영 능력을 세상에 보여주고 인정받고 싶다.'

물론 현실은 답답했다. 과연 이렇게 한다고 해서 나의 열망이 이루어질까 하는 회의감이 든 적도 한두 번이 아니었다. 하지만 그럴수록 나는 마음을 다잡고 당당히 주위 사람들에게 외쳤다.

"나는 사회에 공헌하는 큰 기업의 경영자가 될 겁니다."

"나의 경영 능력을 인정받고 싶습니다. 이번 프로젝트에 저의 경영 능력을 발휘할 기회를 주십시오!"

우리 주위에는 열망을 마음속에만 품고 있는 사람이 있다. 그러나 그런 꿈은 죽은 꿈과 다를 바가 없다. 나의 꿈과 포부, 나의 뜻과 행동을 세상에 보여주어야만 간절한 열망은 비로소 생명을 얻는다. 그러니 자신 있게 당신의 꿈을 말하라.

자신의 길에
확신을 가져라

　2016년 4월 23일은 세계 문학사에 남을 기념비적(?)인 날이다. 『햄릿』을 쓴 셰익스피어와 『돈키호테』의 작가 세르반테스가 세상을 떠난 지 400주기가 되기 때문이다. 공교롭게도 두 위대한 문호는 1616년 4월 23일 같은 날 세상을 떠났다. 그런데 더 흥미로운 건 두 대문호의 작품 속 대표적인 주인공인 햄릿과 돈키호테의 성격이 극과 극으로 갈린다는 점이다.

　햄릿은 세계 문학사상 가장 유명한 독백인 "사느냐 죽느냐, 그것이 문제로다(To be, or not to be, that is the question)"로 대표되는 사색하는 인간이다. 반면 돈키호테는 어떤가? 점잖은 사고 따위는 할 겨를이 없다. 무조건 앞으로 돌진이다!

같은 날 죽은 위대한 두 대문호와 그들이 창조한 정반대 성격의 주인공이라는 흥미로운 이야깃거리 때문이었을까? 러시아의 작가 투르게네프는 인간을 두 가지 유형으로 나누었다. 햄릿형 인간과 돈키호테형 인간으로!

스스로 생각하기에 당신은 어떤 유형인가? 햄릿처럼 문제 앞에서 우물쭈물하는 유형인가, 아니면 돈키호테처럼 무작정 앞을 향해 내달리는 유형인가?

요즘 청춘들은 사정이 여의치 않다. 유치원, 초등학교 때부터 경쟁에 내몰리고, 좋은 대학에 들어가도 취업난에 내몰린다. 엄청난 경쟁률을 뚫고 좋은 직장에 입사했더라도 평생직장이 보장되지도 않는다. 폭등한 집값 때문에 집을 장만하려 해도 부모의 도움이 없으면 힘든 게 현실이다. 그래서인지 20, 30대는 자신들을 오포세대라고 자조한다. 연애, 결혼, 출산, 집, 인간관계를 포기한 세대라는 것이다. 최근에는 오포를 넘어 모든 것을 포기한다고 해서 N포세대라는 말까지 나올 정도다. 그런 말을 들을 때마다 좀 더 좋은 사회, 꿈과 희망이 넘치는 대한민국 사회를 만들지 못한 것에 대해 인생의 선배로서 한없이 부끄러워진다.

하지만 안타까운 마음도 든다. 나는 현재의 청춘 세대가 예전 세대보다 훨씬 폭넓은 선택지를 가지고 있다고 생각한다. 기성세대에 비해 훨씬 많은 기회를 갖고 있고, 더 많은 정보를 갖고 있으며, 더 넓은 네트워크를 활용할 수 있다. 하지만 문제는 결정하고 선택해야 할 순간 갈팡질팡하는 모습을 보인다는 것이다. 선택의 갈림길에서 어느 한 쪽을 고르지 못해 괴로워하고 결국 기회를 놓쳐버리는 경우를 나는 심심치 않게 보아왔다.

선택의 순간, 포기하지 말고 도전하라

인생은 매순간 선택의 연속이다. 그 수많은 선택들 중에는 스스로 감당하기 힘든 선택의 순간도 있다. 그리고 우리는 심사숙고 끝에 내린 결정이라 하더라도 확신이 없어 다시 번복하기도 하고, 돌고 돌아 결국 처음 내린 결정으로 되돌아가기도 한다. 당연한 일이다. 어떤 결정을 했느냐에 따라 인생이 엄청나게 바뀌기도 하니까.

특히 경험이 적은 청춘들이 선택의 순간 자신만의 길을 스스로 결정하기란 무척 어려운 일이다. 가족이나 지인들을 찾아 상담을 해도 명쾌한 답이 나오지 않을 수도 있다. 결국 미래에 대한 불안감 탓에 원치 않는 길을 가기도 한다. 젊은이들이 서투름 때문에 제대로 선택하지 못한다면, 나이를 먹는다고 해서 상황이 크게 달라지지도 않는다. 사랑하는 가족 때문에, 하루하루의 밥벌이 때문에, 어깨에 짊어진 많은 짐 때문에 안타깝게도 용기를 내지 못하는 것이다.

나는 어린 시절부터 사업가의 길을 가겠노라 다짐했다. 월급쟁이 생활을 할 때도 그 마음은 전혀 변하지 않았다. 아니 오히려 더 확고해졌다. 은행에서 사업자금을 빌릴 때도 분명히 사업에 성공할 것이라 확신했다. 나의 첫 사업은 이렇게 순풍에 돛을 단 듯 순조롭게 시작되는 줄 알았다. 그런데 전혀 예기치 않은 곳에서 문제가 터졌다.

대출을 하루 앞둔 날이었다. 마침 할머니의 제사가 있어 일가친척이 모두 모였는데, 그 자리로 아버지께서 나를 불러 앉혔다. 그러고는 싸늘하게 굳은 얼굴로 입을 여셨다.

"너 사업한다고 돌아다닌다던데 진짜냐? 아닌 줄 믿고 있지만 혹시라도 그런 거라면 당장 그만둬라!"

나는 깜짝 놀랐다. 아버지 귀에 그 소식이 어떻게 흘러들어갔는지 알 수가 없었다. 나는 일가친척에게 사업의 '사'자조차 꺼낸 적이 없었다. 행여나 아버지에게 흘러들어갈까 걱정되었기 때문이다. 완고한 성격에 청렴 하나만을 가슴에 새기고 평생 나라를 위해 일한 공무원이었던 아버지는 항상 "사업할 생각은 꿈도 꾸지 마라. 월급 받으며 편안하게 사는 게 제일 좋은 삶이다"라고 내 귀에 못이 박히도록 말씀하시곤 했다. 그런데 하나밖에 없는 외동아들이, 게다가 가문의 장손이라는 녀석이 언제 망할지 모르는 사업을 한다는 소문을 들었으니 어떤 기분이었을지 상상이 갔다. 그러나 평소엔 아버지께 말대꾸조차 못하는 나였지만 그날만큼은 물러설 수가 없었다.

"아버지께 사업자금을 대달라고 부탁한 것도 아닌데 어째서 그러십니까?"

내 말이 끝나기가 무섭게 아버지의 날선 말들이 쏟아져 나왔다.

"너한테 무슨 돈이 있다고 사업을 해!"

나는 대출금이 내일 나온다는 말을 입 밖으로 꺼내지 못했다. 그랬다가는 난리가 날 게 불을 보듯 뻔했다.

"이것 봐! 돈도 없는 자식이 무슨 사업을 한다고. 너 도대체 지금 몇 살이야?"

"서른입니다."

"나이가 어리다는 건 경험이 부족하다는 거야. 너 경험 많아?"

"나이는 어리지만 신생 버스회사를 키운 경험도 있습니다. 석유회사에서도 제 나이에 임원까지 올라간 거 아시잖습니까. 이 정도면 사회 경험은 할 만큼 했다고 생각합니다."

나는 이왕 말이 나온 김에 특수화물 운송이라는 내 사업 계획을 최대한 자세히 말씀드렸다. 운송회사와 석유회사에서의 경험으로 인적자원도 있고 노하우도 충분해 반드시 성공할 수 있다는 점을 이해시키려고 노력했다. 하지만 그걸로도 아버지의 완고한 반대를 돌릴 수는 없었다.

"말은 번드르르하게 잘하지만 사업이란 게 어디 마음대로 되더냐!

다 필요 없다. 당장 때려치워!"

결국 나는 아버지를 설득하는 것을 포기했다. 자식이 포부를 가지고 사업을 해보겠다며 뛰어다니는데 다른 사람도 아닌 아버지가 반대한다는 건 무척 힘든 일이었다. 하지만 그 자리에서 계속 사업을 하겠다고 우긴다면 모든 것이 수포로 돌아갈 것만 같았다. 아버지는 사업을 하면 호적에서 파내겠다며 사업포기각서를 쓰고 지장까지 찍으라 하셨고, 나는 결국 자리를 모면하기 위해 아버지가 시키는 대로 각서에 도장을 찍고 나왔다. 하지만 아무리 아버지라 하더라도 내 인생을 대신 살아주는 건 아니지 않는가. 나는 언젠가는 아버지도 내 뜻을 알아줄 날이 오리라 마음을 굳게 먹고 밤길을 걸어 집으로 돌아오며 다짐했다.

"아버님이 호적에서 날 파내셔도 어쩔 수 없다. 이 사업은 꼭 해야겠다!"

다음 날 나는 은행을 찾아 예정대로 대출금을 수령했고, 그 돈을 밑천으로 '동양특수유조'라는 특수화물 운송전문회사를 설립했다.

개업식 당일 그동안 최선을 다해 인간관계를 형성한 덕분인지 발 디딜 틈이 없을 만큼 많은 지인들이 사무실을 찾아와 축하를 해주었다. 나는 정신없이 축하 인사를 받으면서도 이제나저제나 사무실 입구 쪽을 돌아보았다. 오시지 않을 것을 알면서도 아버지를 기다렸던 것이다. 하지만 자신의 뜻에 반해 사업을 시작한 아들이 괘씸했는지 아버지는 끝끝내 모습을 보이지 않으셨다.

낯선 배달원이 자그마한 난 화분 하나를 가지고 온 것은 그로부터 한참 뒤였다. 아직 꽃망울을 피우지 못한 난에는 '성공 기원'이라는 글과 함께 아버지의 이름 석 자가 적힌 리본이 묶여 있었다. 멀리서 나마 하나밖에 없는 아들의 성공을 기원하셨던 것이다. 그제야 나는 비로소 마음껏 웃음을 지을 수 있었다. 훗날 내가 사업에서 크게 성공한 뒤, 아버지께서 말씀하셨다.

"내가 장사꾼이었으면 너를 장사를 시켰겠지. 하지만 공직생활을 하면서 아버지는 사업이라는 것이 얼마나 힘들고 고된 일인지 너무도 잘 알고 있었다. 그 가시밭길을 걸어가려는 자식을 내가 어떻게 응원해 줄 수 있었겠냐? 지나간 일이지만, 그때 나 때문에 마음고생 많았지? 미안하다."

시간이 많이 흘렀음에도 나는 당시 아버지의 말에 그만 눈시울이 뜨거워지고 말았다. 만약 아버지의 뜻대로 그때 포기했으면 어땠을까? 당장은 아버지의 말을 따르는 효도를 했겠지만, 내 마음속에는 아버지에 대한 불복이 쌓여 다른 불화를 낳았을 것이다. 포기하지 않았기에 비로소 아버지와 완전한 화해를 이룰 수 있었던 것이다.

지금도 그 당시 일을 떠올리면 속을 끓이셨을 아버지께 죄송한 마음뿐이다. 하지만 나의 길에 확신을 가진 선택이었기에 후회는 없다.

햄릿처럼 사고하고 돈키호테처럼 행동하라

마이크로소프트의 빌 게이츠는 "앉아서 생각하라고 월급을 준다"고 평소 말할 만큼 심사숙고하는 햄릿형 경영자로 유명하다. 반면 GE의 잭 웰치는 확신이 서면 곧바로 뛰어드는 스타일이다. 프로젝트에 실패해 회사에 큰 손해를 끼친 직원들도 승진시킬 만큼 과감하게 모험에 뛰어들 것을 강조하는 돈키호테형 경영자의 전형이라고 할 수 있다.

어떤 경영자는 오늘날과 같은 불확실성의 시대는 햄릿증후군 대신 키호티즘(Quixotism, 돈키호테적 태도)으로 무장해야 할 때라고 말한다. 실패할지라도 두려워하지 않고 꿈을 실현하기 위해 끝까지 밀고 나가는 돈키호테의 정신으로 무장하라는 뜻이다.

나 역시 이에 동의한다. 배를 바다에 띄우고 모험을 떠나야 보물섬을 찾을 수 있다. 옛 사람들은 훌륭한 뱃사람은 거친 바다가 만든다고 말했다. 그러나 나는 여기에서 한 가지를 더 덧붙여 말하고 싶다.

"햄릿처럼 심사숙고하고, 돈키호테처럼 과감히 행동하라!"

당신 앞에 놓인 문제를 해결하거나 사업을 준비할 때는 사느냐 죽느냐를 고민하는 햄릿처럼 고민하고 또 고민해야 한다. 그런 충분한 고민이 있은 뒤에야 비로소 자신의 결정에 대한 확신을 가질 수 있는 것이다. 스스로를 믿지 못하는 사람이 어떻게 확신을 가지고 힘차게 자신의 길을 가겠는가. 고민이 끝났다면, 당신이 할 일은 돈키호테처럼 앞만을 바라보며 뛰는 것이다.

'젊음은 시행착오'라는 말처럼 우리는 수많은 시행착오를 겪으며 성장할 수 있다. 젊다는 건 대단한 축복이다. 다시 도전할 기회가 주어지니 말이다. 그러니 젊은 자신을 믿어라. 어떤 일을 하든지 스스로에 대한 신뢰감으로 무장하라. 끝까지 자신을 믿고 행동하는 사람만이 꿈을 향해 나아갈 수 있다.

03

대한민국 로지스틱스
신화를 쓰다

현재 시장이 아닌
미래 시장을 보라

　당신에게 사업의 기회가 찾아온다면 어떤 사업을 하고 싶은가? 안
정적인 사업? 일확천금을 얻을 수 있는 사업? 돈을 많이 버는 사업?
명성을 쌓는 사업? 아니면 남들 보기에 그럴듯해 보이는 사업?

　펩시콜라의 마케팅 담당이었던 존 스컬리는 코카콜라에 비해 현
격하게 낮은 시장점유율을 기록하고 있던 펩시를 오늘의 자리로 이
끈 마케팅의 귀재였다. 그는 눈을 가리고 펩시와 코카콜라 중에서 어
느 게 더 맛있는지를 평가하는 블라인드 테스트인 '펩시 챌린지' 등
의 다양한 마케팅 활동으로 화제를 불러일으켜 펩시콜라의 점유율

을 수직으로 끌어올렸다. 이런 능력을 인정받아 존 스컬리는 초고속 승진을 거듭해 사장 지위에 오르게 되었다. 그런 그의 마케팅 능력을 눈여겨본 사람이 바로 스티브 잡스였다.

1982년 스티브 잡스는 존 스컬리에게 애플로의 스카우트를 제안한다. 하지만 펩시콜라에서 탄탄대로를 걷고 있던 그에게 애플은 매력적인 곳이 아니었다. 하지만 스티브 잡스는 직접 그를 만나 애플이 만들고자 하는 컴퓨터와 다양한 프로젝트를 소개하며, 컴퓨터가 바꿀 미래 사회의 비전을 제시했다. 이에 존 스컬리는 스티브 잡스의 열정에 점차 매료되기 시작했는데, 결정적으로 그를 돌려세운 말은 바로 이것이었다.

"존, 남은 인생 동안 설탕물이나 팔고 살 건가요? 세상을 바꿔보고 싶지 않아요?"

존 스컬리는 잡스의 도발적인 한마디에 요즘으로 치면 대기업 사장에서 구멍가게 사장으로 과감히 자리를 옮겼다. 존 스컬리가 스티브 잡스의 애플로 옮긴 건 다음의 두 가지 이유에서였다.

하나, 진정한 기업가가 지녀야 할 사회에 대한 책임의식.

둘, 현재의 시장이 아닌 미래의 시장을 바라보는 안목.

당신이 진정한 사업가가 되고자 한다면, 반드시 눈여겨봐야 할 대목이 아닐 수 없다.

사회에 대한 책임의식을 가져라

앞서 말했듯이 1980년대 초만 해도 드럼통, 마대자루, 비료포대는 무분별하게 사용되었다. 수송업이 발달하지 않은 탓에 외국에서 각종 산업 원료들이 드럼통이나 마대자루, 비료포대에 담겨져 들어왔고, 내용물을 꺼낸 후에 포장재들이 이곳저곳에 마구잡이로 버려졌다. 농촌에서 자란 사람들이라면 산비탈에 지천으로 버려진 마대자루나 비료포대가 기억날 것이다. 폐드럼통은 선술집에서 석쇠를 얹어 고기를 구워먹을 때도, 군고구마를 구울 때도, 젓갈을 담을 때도 재활용됐다. 마대자루는 감자, 고구마 등 수확한 농산물을 담아 운반하는 데 널리 사용됐고, 비료포대는 장판이나 벽지 대용으로 쓰이기도 했다. 유독한 화공약품들을 담았던 산업 폐기물임에도 불구하고 그것들이 토양 오염의 주범이 되고, 건강에 문제를 일으킨다는 인식조차 없었던 것이다.

내가 상업은행에서 자금을 빌릴 수 있었던 이유 중의 하나도 대한민국의 환경과 국민의 건강을 위협하는 열악한 환경을 개선하는 사업을 해보고 싶다는 포부 때문이었을 거라 생각한다. 사회에 대한 책임의식이 사업 아이템과 절묘하게 맞아떨어졌던 것이다.

진정한 기업가는 단순히 자신과 회사의 이익을 위해서만이 아니라 사회 전체에 이익이 골고루 돌아가는 사업을 해야만 한다. 그것이 바로 기업가의 의무이다.

실제로 내가 특수화물 운송업을 시작한 뒤로 운송 환경은 점차 개선되기 시작됐다. 특수운송업의 타당성을 간파하고 처음부터 탱크로리 3대를 수입한 과감한 투자가 빛을 발했던 것이다. 이후 회사는 빠르게 성상해 대한민국 특수화불의 전체 불량 중 70퍼센트를 담당하게 되었다. 회사 보유의 탱크로리가 증가할수록 드럼통, 마대자루, 비료포대는 점점 자취를 감추었다. 나라 곳곳을 오염시키고 국민 건강에 해악을 주던 폐기물들이 사라지기 시작한 것이다. 사업에 성공해 많은 돈을 벌 수 있었다는 기쁜 마음도 컸지만, 무엇보다 국민 건강에 일조할 수 있었다는 사실이 진정으로 자랑스러웠다.

앞을 내다볼 줄 아는 정확한 판단력을 키워라

나는 회사를 창업한 뒤로 20여 년 동안 다양한 사업을 벌였다. 수많은 난관이 앞을 가로막았지만 기어코 어려움을 극복하고 살아남았다. 가장 큰 요인은 바로 현재가 아닌 미래를 바라보려 노력했기 때문이다.

예를 들어 특수화물 운송업은 취급하는 화학물질에 따라 많은 차이를 보인다. 나 역시 어떤 화학제품을 수송할 것인지를 두고 많은 고민을 했고, 주력 운송제품으로 선택한 것이 바로 화학조미료의 원료로 쓰이는 액화암모니아였다. 왜냐하면 1980년대 초반은 배고팠던 1970년대를 지나 조금씩 살림이 나아지며 먹을거리에 대한 관심이 높아지던 시기였기 때문이다. 급격한 경제 성장으로 가계 수입이 늘어나자 사람들이 먹는 것에 돈을 쓰기 시작했던 것이다. 그런데 외식문화의 발달은 입맛을 자극하는 음식들이 발달한다는 뜻이었고, 결국 찌개, 국, 김치, 반찬 등에 화학조미료가 빠지지 않고 들어가게 되었다. 실제로 설이나 추석에 화학조미료를 선물로 주고받기까지 했으니 그 수요는 가히 폭발적으로 늘어났다. 이처럼 시대의 흐름을 예측했기 때문에 회사의 규모가 급격하게 커지게 된 건 자연스러운 일이었다.

사업이란 등산처럼 꾸준하게 정상을 향해 올라가는 것이 아니다. 경영자의 한순간의 상황 판단에 따라 한걸음에 정상에 올라설 수도 있다. 반대로 권투 시합처럼 결정적인 한 방을 맞고 쓰러질 수도 있다. 따라서 경영자가 정확한 판단력을 갖지 못하면, 자신은 물론이고 회사의 직원들까지 위험에 빠뜨릴 수 있다. 나 역시 현재가 아닌 미래를 바라본 한순간의 정확한 판단으로 회사의 위기를 넘긴 경우가 참 많았다.

1990년대 중반, H철강이 충청남도 당진에 공장을 지을 때였다. 공장이 준공되는 3년 뒤부터 본격적으로 철강제품이 생산될 텐데, 만약 제품을 독점 수송할 수만 있다면 한 단계 더 회사를 키울 수 있는 절호의 기회였다. 문제는 제품을 운송하려면 대형트럭 200대를 새로 구입해야 했는데, 독점 계약만 성사된다면 엄청난 수익을 기대할 수 있었기에 충분히 모험을 걸어볼 만한 일이었다.

나는 곧바로 H철강 대표를 만나 독점 계약에 대해 담판을 지었고 긍정적인 내답을 들을 수 있었다. 그러나 얼마 뒤 공장이 들어서고 있는 현장을 찾은 나는 곧바로 고개를 저었다. '이건 아니다!'라는 확신이 들었기 때문이다. 나는 곧장 회사로 돌아와 사업을 중단하겠다고 선언했다. 당연히 임직원들의 반발이 빗발쳤다. 다른 운송업체들이 눈에 불을 켜고 달려들어도 마다하고 우리에게 준다는 큰 사업을 포기하다니 말도 안 된다며 강하게 반대하고 나섰던 것이다. 그러나 내 한마디에 임직원들은 아무 말도 할 수 없었다.

"이것들 보세요. 공장이 들어서고 있는 곳이 어딥니까? 바다를 매립한 땅이에요. 그런 곳에 세워지는 공장에 원가 절감한다고 스틸파이프를 까는 회사가 세상에 어디 있어요! 그게 말이 돼요? 당장 이 사업에서 손 뗍시다!"

염분 가득한 매립지에 세우는 공장에 몇 년 가지도 못해 삭아버릴 스틸파이프를 깔겠다는 건 아무래도 이해할 수 없는 일이었다. 아니나 다를까. H철강은 그로부터 몇 년 지나지 않아 부도를 맞았다. 안타까운 이야기이지만 내가 H철강과의 사업을 포기하자 예상처럼 여러 운수업체가 달려들었고, 그중에 한 운수업체가 100여 대의 대형 트럭을 샀다가 단 1톤도 실어보지 못하고 같이 부도를 맞았다.

경영자는 현재의 이익에 현혹되기보다 미래를 꿰뚫어보는 능력을 길러야 한다. 그러기 위해서는 현재의 달콤한 이익이 클수록 한 발 떨어져 객관적인 시각으로 바라볼 수 있는 안목을 키워야 한다. 경영의 길은 달콤한 길이 아니라 가시밭길임을 항상 명심해야 한다.

자기 확신이 섰다면
주저하지 마라

　얼마 전 모 대학원의 최고경영자 과정을 밟고 있는 경영자를 대상으로 어려운 판단의 순간, 결정의 기준이 되는 것이 무엇인지를 물었다. 결과는 그림과 같다.

　정리하자면 적게는 십여 년부터 많게는 수십 년 동안 기업을 일구며 겪었던 수많은 경험을 바탕으로 얻은, 스스로의 통찰력을 믿는다는 의견이 가장 많았던 것이다.

　당신은 자신의 판단을 얼마나 확신하는가? '자신을 믿는다는 것'은 정말 어려운 일이다. 한 개인이 자신의 판단을 확신하기도 힘든데,

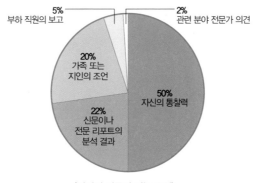

5% 부하 직원의 보고
2% 관련 분야 전문가 의견
20% 가족 또는 지인의 조언
50% 자신의 통찰력
22% 신문이나 전문 리포트의 분석 결과

〈결정의 기준이 되는 요인〉

심지어 경영자는 어떻겠는가? 자신의 판단 하나가 적게는 수십 명에서 많게는 수천 명의 직원들 생계를 좌지우지하니 말이다. 그야말로 하루하루 솔로몬의 지혜를 구해도 모자랄 판이다. 그렇다면 자기 확신을 갖기 위해서는 어떻게 해야 할까?

주위의 파도에 휩쓸리지 마라

운송업에서는 적재량이 무척 중요하다. 트럭에 화물을 얼마나 적재하느냐에 따라 수익이 확연하게 차이가 나기 때문이다. 같은 물량을 세 번에 나눠보낼 것을 두 번에 보낼 수 있다면 그만큼 수송비가 절감돼 이익이 많이 남으니 말이다.

1980년대 초반만 하더라도 우리나라의 도로를 달리던 화물트럭

3장 대한민국 로지스틱스 신화를 쓰다 • 129

은 차제가 굉장히 무거웠다. 게다가 탱크로리 같은 경우에는 탱크 자체도 무거워 화물을 절반밖에 싣지 못하고 운행할 때가 많았다. 이런 상황이니 운송업자들은 과적의 유혹에 시달릴 수밖에 없었다. 하지만 과적은 트럭의 무게 때문에 노로를 망가뜨려 2차 사고를 유발하는 등 교통사고의 주요 원인 중 하나다.

나 역시 사업 내내 화물 운송 단가 때문에 골머리를 앓았는데, 유럽의 지붕인 스위스 융프라우로 여행을 갔다가 우연치 않게 해결의 실마리를 발견할 수 있었다. 케이블카로 고도 3,454미터의 웅장한 산을 오르던 중에 우연히 햇빛에 반사되어 하얗게 빛나는 낙석방지용 H빔이 눈에 띄었던 것이다. 일반인이라면 별생각 없이 그냥 스쳐 지나갔을 풍경이었다. 하지만 내 눈에는 전혀 달라 보였다. 왜냐하면 H빔이라고 하면 일정 시간이 지나면 비바람에 녹이 슬어 붉은빛을 띠는 게 상식이었기 때문이다. 그런데 이곳의 H빔은 대체 무엇으로 만들었기에 햇빛에 하얗게 빛나고 있는지 궁금했던 것이다.

'녹이 안 스는 걸 보니 스테인리스인가? 그런데 스테인리스는 강도가 약해서 H빔으로 쓸 수는 없을 텐데……'

궁금증을 참지 못한 나는 정상에 오르자마자 안내원에게 H빔을 무엇으로 만들었냐고 물었고, 뜻밖의 대답을 들을 수 있었다. 강화알루미늄합금으로 만들었다는 것이다.

알루미늄이라고? 뒤통수를 세게 얻어맞은 느낌이었다. 알루미늄은 가볍고 부드러워 가공하기 쉽고 녹이 슬지 않는다는 장점이 있다. 하지만 무른 성질 때문에 보통은 알루미늄캔처럼 내식성이 필요한 제품에만 사용된다고 알고 있었기 때문이다. 도무지 이해가 되지 않아 알루미늄으로 만들면 H빔이 오래 못 버티지 않느냐고 물었더니, 직원이 강화알루미늄합금은 스틸보다 오히려 더 강하고 녹이 슬지 않는다는 것이었다.

그 순간 바로 이거다 하고 무릎을 쳤다. 그동안 화물 적재량 때문에 얼마나 고민했던가! 만약 탱크로리를 강화알루미늄합금으로 만들면 화물을 기존보다 더 많이 실을 수 있을 게 분명했다.

여행을 마치고 돌아온 나는 곧바로 금속공학과 출신 직원을 호출해 강화알루미늄합금으로 탱크로리를 만들 수 있겠냐고 물었다. 하지만 담당직원은 부정적인 반응을 보였다.

"우리나라는 도로 포장이 엉망이라 금세 크랙이 생길 게 분명합니다. 만약 탱크가 찢어지거나 폭발이라도 하면 대형사고가 날 텐데요. 게다가 아직 우리나라에는 강화알루미늄합금 용접기술을 가진 곳도 없습니다."

우리나라 사정상 도입이 불가능하다는 말이었다. 일견 그럴듯했다. 하지만 나는 수긍하지 않았다. 분명히 다른 방법이 있을 거라 생각했다. 그리고 조사 끝에 프랑스 베나르 사와 독일 벤더필더 사가 강화알루미늄으로 탱크로리를 만들고 있다는 사실을 알아낼 수 있었다. 나는 급히 짐을 꾸려 프랑스의 베르나 사로 향했다. 그곳에서 제작한 차체를 확인하니 육중한 외관과 다르게 알루미늄합금으로 만들어 확실히 가벼웠고, 내구성도 훨씬 좋았다.

그들은 혹시라도 크랙이 발생하면 어쩌느냐는 내 걱정에 만약 문제가 발생하면 직원들을 직접 보내 A/S를 해주겠다고 약속까지 했다. 문제는 구입비용이었다. 스틸로 만든 일반 탱크로리보다 훨씬 비싸 20대 정도 주문을 하면 당시 비용으로 50억 원 정도의 비용이 들었던 것이다. 하지만 현재 운행하는 트럭보다 20퍼센트 가까이 더 적재가 가능했다. 운송료는 톤으로 가격을 지불하기 때문에 확실히 경쟁력이 있었다.

나는 고민 끝에 강화알루미늄 탱크로리를 도입하기로 결정을 했다. 하지만 또 다른 난관이 도사리고 있었다. 임원들이 대한민국의 실정에 맞는지 아직 검증되지 않았으니 몇 대만 시범운행하며 테스트를 해보자고 이견을 보인 것이었다. 충분히 타당한 의견이었다. 하지만 고작 몇 대 운행하는 것만으로는 효과가 미미했고, 경쟁기업에 선수를 뺏길 우려도 있다고 나는 생각했다. 특수화물차의 수명은 일반 차량에 비해 훨씬 짧았다. 고작해야 10년 남짓이었다. 아무리 가격이 비싸더라도 더 많은 수익창출을 위해서는 길게 보는 안목이 필요했다. 나는 임원들을 설득했고, 결국 계획대로 20대를 주문했다.

사실 가격이 부담스러웠던 건 나 역시 마찬가지였다. 우리나라에

선 한 번도 운행해보지 않은 차량들을 도입했는데, 만약 우려대로 사고라도 발생한다면 그것은 전적으로 나의 잘못이기 때문이었다. 그러나 도입을 결정한 이상 뒤로 물러설 수는 없었다. 나는 궁리 끝에 운전기사들에게 안전교육을 하루에 한 번씩 철저하게 실시했다. 그 덕분이었을까? 도입한 20대의 차량은 단 한 대도 사고를 내지 않았다. 그리고 내 예상처럼 가벼워진 차체만큼 물량을 더 싣게 되어 경쟁력도 크게 증가했다. 내가 만약 임원들 말에 수긍해 소극적으로 나갔더라면, 회사는 더 크게 성장할 수 없었을 것이다.

스스로를 의심하지 마라

금융계의 황제 조지 소로스와 투자의 귀재 워런 버핏은 1930년생으로 나이가 같고, 무일푼으로 시작해서 엄청난 투자수익을 거뒀다는 점 또한 똑같다. 하지만 무엇보다도 그들의 가장 큰 공통점은 '자기 확신이 뚜렷하다'는 점이다. 자신에 대한 군건한 확신이 있었기에 그들은 세계적인 부호가 될 수 있었다.

회사의 운명은 경영의 최종 키를 잡은 사람의 선택에 따라 성패가 갈리곤 한다. 그래서 경영자들은 언제나 두려움에 시달린다. 이때 두려움을 잊게끔 만들어주는 게 바로 자기 확신이다.

자기 확신은 결코 남의 도움으로 커지지 않는다. 수많은 인생의 역경에 맞서 이겨낸 경험, 스스로가 가치 있는 존재임을 자각하는 인식, 자신의 노력에 따라 목표를 이루어낼 수 있다는 신념들이 모여 자기 확신은 만들어지는 것이다.

물질적인 성공이든, 정신적인 성공이든, 자기 확신 없이는 불가능하다. 확고한 주관과 가치관으로 마음속에 자기 확신을 단단히 세워라. 그리고 적절한 균형감각을 가지고 일을 추진해 나간다면 두려울 것이 없을 것이다.

유혹을 떨치고
올바른 길을 걸어라

2008년 일본의 자동차그룹 토요타(Toyota)에 엄청난 악재가 닥쳤다. 가속페달 결함으로 전 세계적으로 1,080만 대를 리콜해야 할 상황에 놓인 것이다. '고품질 안전'으로 각광을 받던 토요타의 신뢰는 한순간에 와르르 무너졌다. 왜 이런 일이 벌어졌을까?

토요타는 당시 GM을 제치고 자동차 판매량 세계 1위에 등극한 상태였다. 이에 고무돼 판매량의 증가를 예상한 토요타는 생산설비 확장을 서둘렀고, 자연스레 철두철미한 부품 관리가 슬그머니 뒷전으로 밀려났던 것이다. 즉 1등을 유지하고 싶은 과욕이 엄청난 사고를 일으켰던 주 원인이었다.

그런데 토요타 사태가 벌어지고 정확히 8년 만인 2015년 세계 자동차 시장에 또다시 폭탄이 터졌다. 이번에는 독일인이 사랑하는 국민차 폭스바겐(Volkswagen)이 그 주인공이었다. 폭스바겐은 '높은 연비'와 '친환경' 이미지로 세계 자동차 시장을 주름잡는 기업이었다. 그러나 폭스바겐 엔지니어들의 내부 고발로 디젤 차량에서 배기가스 저감장치가 조작됐다는 사실이 밝혀졌다. 전 세계 소비자를 대상으로 한 엄청난 사기극이었다. 그렇다면 폭스바겐은 왜 이런 무리수를 두었을까?

디젤차의 배기가스는 강한 발암성 물질이자 산성비의 주요 원인으로 알려져 있다. 그럼에도 폭스바겐은 세계 최대의 자동차 소비시장인 미국에서의 판매를 늘리기 위해 '클린 디젤'을 강조했다. 즉 디젤엔진의 높은 연비와 강한 추진력은 유지하면서 유해물질 배출은 줄였다고 대대적으로 선전해 판매를 늘려왔던 것이다. 하지만 사기극의 결과 폭스바겐 주가는 연일 폭락을 거듭했고, 기업 가치는 바닥으로 곤두박질쳤다. 단기간에 증발한 주식 총액만 37조 원에 달했다.

우리 주위를 둘러보면 평소에는 대범하고 냉정해 보이던 사람이 어려운 문제 앞에서 이렇다 할 능력도 발휘하지 못하고 무너져 내리는 경우가 종종 있다. 왜 그럴까? 능력이 부족해서가 아니라 문제를 대하는 방법이 잘못되었기 때문이다. 이럴 땐 문제를 어떤 식으로 받아들이는지가 매우 중요하다. 문제의 인식이 해결의 출발점이 될 수가 있기 때문이다.

침소봉대(針小棒大)라는 말처럼 작은 일도 크게 생각해 지레 겁먹고 스스로의 한계를 그어서는 안 된다. '이렇게 큰일을 내가 어떻게 이겨내지?' 하고 지레 겁을 먹으면 아무것도 해결할 수 없다. 아무리 어려운 문제가 생겼더라도 '이 정도는 내가 충분히 이겨낼 수 있어!'라는 자신감을 갖고 맞서야 한다. 그래야만 문제의 본질을 직시함은 물론 해결 방안도 찾을 수 있다.

나 또한 사업하는 과정에서 예기치 못한 큰 문제들을 숱하게 겪었다. 그 모든 순간에 나라고 항상 자신감에 차 있었겠는가. 덜컥 겁이 날 때도 있었고 부정적인 생각이 들 때도 많았다. 하지만 그럴 때마다 긍정적으로 생각하려고 노력했다. '이건 나를 더 크게 성장할 기회를 주는 것이다. 난 할 수 있다'라는 생각을 거듭함으로써 문제들을 정면으로 응시하고 해결해 나갈 수 있었다.

물론 때론 한 개인의 힘만으로는 감당하기 어려운 문제도 발생한다. 그럴 때면 고통이 너무 심해서 모든 것을 던져버리고, 아무도 없는 곳으로 도망쳐버리고 싶다는 생각을 하게 된다. 하지만 스스로 해결하지 않는 한 어디에 숨더라도 결국 문제로부터 자유로워질 수 없다는 걸 잊지 마라.

그렇다면 감당하기 힘든 어려운 문제에 직면했을 때 어떻게 해야 하는 걸까? 결론부터 말하면, 크고 어려운 문제일수록 정도(正導)가 답이다. 풀기 힘들 정도로 마구 엉킨 실타래가 앞에 놓여 있다고 가정해보자. 어떻게 풀 것인가. 몇 번 시도하다 제 성질에 못 이겨 가위로 싹둑 잘라버릴 것인가, 아니면 아무리 시간이 오래 걸리더라도 차분하게 한 가닥씩 순서대로 풀 것인가. 그것도 아니면 다른 사람에게 함께 풀어 달라고 부탁할 것인가.

인내가 부족한 사람들은 엉킨 부분을 잘라내고 매듭을 이어 사용한다. 하지만 그건 당장의 급한 불을 끈 것에 불과하다. 여전히 엉킨 실타래는 눈앞에 있기 때문이다. 그렇다고 여럿이 실을 잡아당기면 어떻게 될까? 아마 더 심하게 꼬이고 말 것이다. 백짓장도 맞들면 낫다고 했지만, 실타래를 푸는 일만큼은 예외다.

결국 가장 좋은 방법은 한 사람이 침착하게 풀어나가는 것이다. 시간과 인내를 요구하는 비효율적인 방법이라 생각할 수 있지만, 이렇게 해야만 가장 빠른 시간에 문제를 해결할 수 있다고 나는 생각한다.

아무리 어려운 문제라도 담담하게 받아들여라. 그리고 엉킨 실타래를 풀 듯 하나씩 풀어나가다 보면 어느새 문제의 해결점이 보이게 된다. 이와 같은 해결책은 기업을 경영할 때도 똑같이 적용된다.

언제나 최전선에 있어라

내 나이 서른둘, 5월의 어느 새벽이었다. 전무에게서 다급한 전화가 걸려왔다.

"회장님, 차가 뒤집어졌습니다!"

졸린 눈을 비벼가며 수화기를 들었던 나는 그만 잠이 확 달아나고 말았다.

"차가 뒤집어지다니 무슨 소립니까?"

"서울로 오던 탱크로리가 판교에서 뒤집어졌습니다."

"뭘 싣고 오던 차였는데요?"

"액화암모니아입니다. 폭발할까봐 차를 들어 올리지도 못하고 있습니다."

심장이 뚝 떨어지는 듯했다. 식은땀이 등골을 타고 주르륵 흘러내렸다. 액화암모니아는 소량을 흡입해도 기도가 막혀 사람이 죽을 수 있는 독성물질이었다.

사고현장으로 달려가니 폴리스라인 너머로 뒤집어진 탱크로리가 보였다. 문제는 논바닥에 박혀서 보이지 않는 차단밸브였다. 탱크로리 기사는 천만다행으로 경미한 부상에 그쳤는데, 차단밸브를 제대로 당겨놨냐고 물어도 기억이 나지 않는다는 말만 되풀이할 뿐이었다. 미치고 환장할 노릇이었다. 탱크로리 안에는 18톤이나 되는 액화암모니아가 초고압 상태로 실려 있었다. 차단밸브를 당겨놓지 않았다면 기중기로 차를 들어 올리다가 암모니아가 새어나올 위험이 컸다. 게다가 만약에라도 차단밸브가 충격에 파손되었다면 조그만 충격에도 폭발할 가능성이 높았다. 그런 일이 발생하면 반경 500미터 안에 있는 사람과 동식물에 막대한 피해를 입히게 될 터였다.

"사장님, 저희가 해결할 테니 일단 자리를 피하시죠."

현장으로 달려온 직원들이 경찰의 도움을 받아 즉시 500미터 안에 거주하는 주민들을 대피시키고는 내게 말했다. 그들 역시 사고의 위험성을 잘 알고 있으니 회사 대표인 나를 일단 안전한 곳으로 대피시키려 했던 것이다.

고백하자면 그 순간 나 역시 잠시 흔들렸다. 내가 안전한 곳으로 피한다고 누구 하나 뭐라 할 사람이 없었다. 안전을 최우선으로 사고를 수습해달라고 직원들을 격려해주면 그만이었다. 하지만 나는 심호흡을 하며 마음을 다잡은 뒤 고개를 저었다. 나는 회사의 대표였다. 대표란 달콤한 과일만을 취하는 자리가 아니었다. 오히려 회사가 어려울 때 맨 앞에 나서야 하는 자리였다. 나는 이곳을 책임질 사람은 나밖에 없다고 생각하고 직원들에게 당부했다.

"혹시라도 사고가 나면 가족한테 연락 좀 해 주게."

"사장님이 직접 가실 필요 없습니다. 저희가 가겠습니다."

"아니야, 내가 하겠네. 자네는 결혼해서 와이프랑 자식도 있잖은가. 내가 하는 게 낫겠어."

나는 만류하는 직원들을 안전한 곳으로 대피시키고는 탱크로리 기사와 함께 사고 차량 위로 올라갔다. 잠시 후 대형크레인 두 대가 도착했다. 내 수신호에 따라 크레인이 앞뒤로 번갈아가며 조금씩 탱크로리를 들어올렸다. 논바닥에 처박혔던 탱크로리가 뒤집어진 채 점점 공중으로 떠올랐다. 차단밸브가 곧 모습을 드러낼 터였다. 만약 차단밸브에 문제가 생겼다면 그 즉시 끝이라는 생각에 다리가 부들부들 떨렸다. 하지만 모두들 나만 바라보고 있었다. 절대로 약한 모습을 보이면 안 되었다. 나는 속으로 제발 무사하기만을 부르짖으며 다시 수신호를 보냈다.

"조금만 더, 조금만, 조금만……, 자, 잠겼다!"

다행히 차단밸브는 잠겨 있었다. 순간 힘이 쭉 빠지면서 나는 털썩 주저앉고 말았다. 옷은 온통 땀으로 젖어 있었다. 직원들이 환호성을 지르며 달려오는데 그들 뒤로 아침 해가 떠오르는 게 보였다. 살았다는 안도감 때문이었을까. 그 모습이 얼마나 아름답던지 아직도 잊을 수가 없다.

사고를 수습하고 직원들과 함께 인근 식당에서 허기를 채우고 집으로 돌아간 나는 며칠 동안 꼼짝도 못하고 드러누웠다. 어찌나 긴장을 했는지 몸이 딱딱하게 굳어 조금만 움직여도 고통이 엄습했다.

그날 내가 그토록 무모하리만큼 일을 처리할 수 있었던 건 젊었기도 했거니와 기업을 경영하는 사람으로서의 본분을 잃지 않으려 노력했기 때문이다. 이러한 내 행동은 이후 회사 구성원들이 나를 믿고 움직이는 데 큰 역할을 했다. 말 그대로 그날 이후 나는 모든 직원들이 한마음 한뜻으로 따르는 회사의 진정한 대표가 된 것이다.

정면 돌파로 위기를 기회로 바꿔라

앞서 토요타와 폭스바겐이 매출 신장의 과욕 탓에 한순간에 나락으로 떨어졌다면, 타이레놀을 생산하는 존슨앤드존슨은 반대로 절체절명의 위기에서 기사회생한 대표적인 기업으로 손꼽힌다.

1982년 미국 시카고에서 타이레놀을 복용한 이들 중 8명이 사망한 사건이 일어났다. 소비자들은 타이레놀 제작 과정에서 존슨앤드존슨의 과실이 있는 것은 아닌지 의심의 눈초리를 보내기 시작했다. 존슨앤드존슨의 입장에서는 자신들의 과실이 판명되지도 않은 상황이었으니 충분히 억울할 일이었다. 하지만 존슨앤드존슨의 제임스 버크 회장은 과감한 결단을 내렸다. 창고에 남은 재고물량을 전량 폐기처분하고, 시중에 풀린 타이레놀을 전량 회수하며 '원인이 규명될 때까지 타이레놀을 복용하지 말라'는 광고를 스스로 내보냈던 것이다. 변호사와 재무 담당자들이 회사에 큰 손실을 가져온다며 반대를 했지만, 그는 단호했다.

"내가 아이가 있는 엄마라고 가정하고 타이레놀을 산다고 칩시다.

그런데 아주 희박하지만 아이에게 위험할 수도 있다면, 내가 과연 우리 제품을 구입하겠습니까?"

　그의 조치로 존슨앤드존슨은 1억 달러의 손실을 기록하게 되었다. 회사에 위기가 찾아온 것이다. 그런데 얼마 지나지 않아 극적인 반전이 일어났다. 당국의 조사 결과 한 정신병자가 청산가리를 타이레놀 캡슐에 집어넣었던 것이 뒤늦게 밝혀졌던 것이다. 그리고 사망 사고가 존슨앤드존슨의 과실 때문이 아니라고 밝혀지자, 소비자들은 자신들의 과실이 아님에도 적극적으로 대처한 존슨앤드존슨을 오히려 '믿을 수 있는 기업'이라고 생각하게 되었다. 결과적으로 1억 달러의 손해보다 훨씬 가치 있는 회사의 신뢰도가 높아진 것이다.

　누구나 자신 앞에 닥친 고통스러운 문제 앞에서 도망치고 싶어 한다. 당연한 마음이다. 위험을 회피하고자 하는 마음과 행동은 본능에서 비롯된 고유한 습성이기 때문이다. 하지만 문제에서 도망치지 않고 빠르게 돌파해야만 생각지도 못한 놀라운 결과물을 얻을 수 있다. 돌아가고 외면하고 도망만 간다면, 달콤한 결과물은 영원히 얻을 수 없을 것이다.

위기를 기회로 바꾸는
긍정의 힘을 키워라

1950년대에 포르투갈로 향하는 포도주 운반선에서 기이한 사건이 발생했다. 냉동 창고에 우연히 갇힌 한 선원이 저체온증으로 사망한 것이다. 창고 벽에는 '점점 추워진다', '숨 쉬기가 힘들다'라는 죽어가던 선원의 절규가 고스란히 새겨져 있었다. 그런데 놀라운 사실은 당시 냉동 창고는 전혀 가동되지 않아서 창고 안의 온도가 얼어 죽을 정도로 낮지도 않았고, 창고의 크기도 커서 산소 역시 충분했다는 것이다. 그럼에도 불구하고 선원은 왜 죽었을까? 그를 죽음으로 몰고 간 것은 추위와 공기가 아니라 '부정적인 생각'이었던 것이다.

이 사건은 '플라세보 효과(placebo effect)'와 '노시보 효과(nocebo effect)'를 설명할 때 자주 인용되는 사례다. 플라세보 효과는 '치료에 도움이 되는 약이 아닌데도, 환자 스스로 도움이 될 것이라 믿고 복용함으로써 실제로 병세가 호전되는 현상'을 말한다. 이와 반대로 노시보 효과는 '진짜 약을 줘도 환자가 효과가 없다고 생각하면, 약효가 나타나지 않는 현상'을 말한다.

나는 힘겨운 난관을 뚫고 마침내 꿈을 이룬 사람들의 공통점 중 하나가 바로 플라세보 효과 때문이라고 생각한다. 그 어떤 난관에도 무릎 꿇지 않고, 오히려 자신에 대한 믿음과 긍정적인 생각으로, 난관을 성공을 위한 디딤돌로 바꿔 생각하는 것이야말로 플라세보 효과가 아니고 무엇이겠는가! 반대로 부정적인 생각은 포도주 운반선의 선원처럼 자신을 무력하게 만들어 버릴 뿐이다. 나 또한 사업을 하는 동안 긍정적인 생각이 얼마나 큰 힘을 발휘하는지 깨달을 수 있었다.

최악의 상황에서도 평정을 유지하라

30대 후반의 일이었다. 주말에 일이 있어 지방으로 내려가고 있는데 부회장에게서 다급한 연락이 왔다. 서울 봉천동 주택가에 주차된 회사 소속 탱크로리에서 염소가 누출되는 사고가 발생했다는 전화였다. 탱크로리 기사가 평소대로 이면도로에 차를 주차해 놓고 집에 가서 잠을 잤는데, 차단밸브가 잘못된 것인지 크랙이 간 것인지 정확히 알 수 없지만 염소가 누출되었다는 것이었다.

판교 탱크로리 사고 때의 액화암모니아처럼 염소 역시 호흡기로 들어가면 기도가 막혀서 곧바로 사망에 이르는 맹독성 물질이었다. 그러나 판교 때보다 상황은 훨씬 더 심각했다. 주택가에서 사고가 터지는 바람에 벌써 수백 명이 병원에 이송된 상황이었던 것이다.

급히 차를 돌려 서울로 향하는 몇 시간 동안 마음이 새까맣게 타들어갔다. 부상당한 사람들을 살피고 충분한 보상을 하는 등 책임을 다하는 것은 회사 대표로서의 당연한 내 의무였다. 그러나 수백 명이 병원에 이송되었다고 하니 적게 잡아도 최소한 몇 명은 목숨을 잃었으리라는 가정들이 눈앞에 펼쳐졌고, 그때마다 하늘이 노래지는 기분이었다.

하지만 그럴수록 나는 하늘이 무너져도 솟아날 구멍이 있다는 희망의 끈을 놓지 않았다. 아무리 어려운 일이 닥쳐도 내가 포기하지 않는 한, 반드시 살아날 방법은 있다고 스스로를 다독였다. 그렇게 차를 몰고 가는 몇 시간 동안 간신히 평정심을 유지하려 노력했고, 한달음에 달려간 병원에서 비로소 안도의 한숨을 내쉴 수 있었다. 구청장과 경찰서장이 대책반을 꾸리고, 기자들이 몰려와 플래시를 터뜨리는 등 전쟁터를 방불케 했지만, 사망자는 단 한 명도 없었던 것이다! 대부분의 환자들이 간단한 치료를 받으면 바로 퇴원이 가능한 상황이었고, 증상이 중한 환자들도 며칠 입원해 치료를 받으면 무사히 퇴원할 수 있었다.

기적 같은 소식에 어떻게 된 일인지 알아보니 염소가 누출되던 시간에 때마침 봉천동 인근에 비가 내렸다는 게 아닌가! 염소는 공기보다 무거워 가라앉는 성질이 있는데, 누출된 염소가 마침 하늘에서 쏟아진 빗줄기에 용해되어 큰 피해를 입히지 않았던 것이다.

'아, 정말 하늘이 도왔구나!'

이번 사고로 텔레비전 뉴스에까지 보도되는 바람에 회사 이미지에 적잖은 타격을 입은 건 어쩔 수가 없는 일이었다. 그러나 사고에 비해 피해가 적었으니 그야말로 천운이라는 말 외에 달리 표현할 방법이 없는 사고였다.

나는 봉천동 사고를 통해 다시 한 번 긍정의 힘을 확인할 수 있었다. 긍정적인 생각은 비극(悲劇)을 희극(喜劇)으로도 바꿀 수 있다는 사실을 명심하자. 아무리 어려움이 닥치더라도 비관이나 좌절보다는 '일단 부딪히자. 그럼 일이 더 잘 풀릴 것이다'라는 긍정적인 생각을 먼저 떠올리자.

매순간 긍정적으로 임하라

2015년 스코틀랜드의 스털링대 연구진이 성인 남녀들을 대상으로 심리 · 건강 테스트를 실시한 결과, 주변 환경을 긍정적으로 인식하고 주어진 삶에 감사하는 사람은 그렇지 않은 사람에 비해 심장병 발병 확률이 30퍼센트 정도 낮게 나타났다고 한다. 또한 긍정적으로 생각하는 이들은 면역세포도 활발하게 움직여 그렇지 않은 사람들보다 면역력이 1.4배나 높았다고 한다. 또 다른 연구에서는 긍정적이고 감사하는 마음을 가진 사람들은 그렇지 않은 사람들보다 양질의 숙면을 취하며, 당연히 우울증에 걸릴 확률도 현격히 낮았다고 한다.

좌절이나 비관, 불안, 불행, 실패라는 말을 멀리해라. 꿈, 희망, 도전, 열망, 눈부신 미래 같은 말들을 삶 가까이에 둬라. 인생이 비극이 될지, 희극이 될지는 아무도 모른다. 인생이란 결국 당신이 마음먹기에 달린 것이다. 긍정의 순간을 살아라. 그러면 언젠가 긍정의 인생이 되어 있을 것이다.

상식에 어긋나는 일에
과감히 맞서라

언젠가 텔레비전에서 방영된 에베레스트 등반에 관한 다큐멘터리를 본 적이 있다. 정상 정복에 나선 등반대의 등정 과정을 보면, 일정 구간은 무난하게 오르다가도 갑작스런 난관에 부딪쳐 후퇴하기를 반복한다. 눈폭풍, 동상, 호흡곤란 등 정상 정복을 가로막는 난관은 무수히 많다. 하지만 등반대는 한걸음씩 죽음의 위기를 극복하며 마침내 정상에 오른다. 그야말로 인간 정신의 승리가 아닐 수 없다.

기업을 경영한다는 것은 산을 오르는 것과 비슷하면서도 또 다르다. 난관을 뚫고 정상을 정복한다는 면에서는 많은 부분 유사하다.

하지만 등반은 산을 오르면 끝이다. 정상 정복의 기쁨을 만끽하고 다시 산을 내려오는 것이 전부라는 말이다. 하지만 기업 경영에서는 정상이란 절대 존재하지 않는다. 수많은 난관을 넘기고 정상을 정복해봤자 고개를 들면 더 높은 정상이 앞을 가로막고 있을 뿐이다. 또한 등반은 서로서로 힘을 합쳐 산을 정복하지만, 기업 경영의 세계는 냉혹한 정글이다. 철저한 이해관계로 얽히고설켜 각자의 이익을 추구할 뿐이다. 함께 협력하며 성공가도를 달리다가도 어느 순간 자신의 이익을 위해 서슴없이 칼을 빼어든다.

나 역시 그동안 피 흘리며 쓰러지는 동료 경영자들을 숱하게 보아왔다. 물론 정정당당한 승부라면 패자도 충분히 승복할 수 있을 것이다. 그러나 경영의 세계에서는 정당치 못한 승부도 무수하다. 그중의 하나가 골리앗, 바로 대기업과의 험난한 다툼이라 할 것이다.

1990년대 중반 특수화물 운송업체인 (주)동특이 정상궤도에 올라 한창 성공가도를 달리고 있었지만, 나는 조금씩 사업의 한계를 느끼고 있었다. 운송업만으로는 보다 많은 수익을 내기가 갈수록 어려워지고 있었기 때문이다. 성장의 한계에 다다른 것이었다. 그래서 어떻게 하면 사업을 확장시킬 수 있을까 고민하다가 계획한 것이 저장창고업이었다. 사업의 필수조건은 당연히 화학저장고였는데, 마침 여천화학공업단지(전남 여수) 부둣가에 1만 평 정도 방치된 땅이 있다는 소식을 접하고는 과감히 매입을 했다. 그런데 우리가 창고업에 진출하기 위해 부지를 매입했다는 소문이 돌자 어처구니없는 일이 벌어졌다. 공단에 입주해 있던 국내 굴지의 대기업들이 상공자원부(현 산업자원부, 이하 통일)에 승인 취소를 요청했던 것이다. 이전부터 서로 긴밀한 거래관계를 유지하던 기업들이었음에도 자신들의 사업 영역에 우리가 발을 들이자 하루아침에 적대적인 태도로 돌변했던 것이다. 별다른 문제없이 허가가 날 줄 알았던 인허가는 결국 무위로 돌아가고 말았다. 여천공단은 산업시설이기 때문에 산업제조시설이 아닌 화학저장창고는 허가를 내줄 수 없다는 게 그 이유였다.

비료, 석유, 화학 등 국내 최대의 중화학공업단지에 화학저장시설을 못 짓게 하다니, 세상에 이런 억지가 어디 있는가. 평소에는 거들떠보지도 않던 땅에 우리가 들어가겠다고 하니 담합하여 내쫓아버리려는 말도 안 되는 처사였다. 사업에는 피도 눈물도 없다는 말을 그때 뼈저리게 느끼게 되었다.

우리 회사가 승인 허가를 받지 못했다는 소식은 금세 업계에 파다하게 퍼져나갔다. 사업을 확장하려다가 오히려 회사 이미지에 심각한 타격만 당하고 말 상황이었다. 게다가 주변에서는 결코 대기업들을 이길 수 없으니 이쯤에서 그만 싸움을 포기하라고 종용했다. 그러나 그건 나를 몰라서 하는 소리였다. 지고는 못 사는 사람이 바로 내가 아닌가 말이다! 그것도 정정당당한 승부가 아니라 비겁한 협잡에 결코 질 수는 없었다. 나는 먼저 여천화학공업단지 이사장을 찾아가 답답한 심정을 토로했다.

"사업을 넓히기 위해 화학저장창고를 짓겠다는데 대기업들이 연합해 산업자원부에 취소를 요청한다는 게 말이 됩니까! 지금이 어느 시댄데 송충이는 솔잎만 먹고 살아야 합니까? 저는 반드시 그 땅에 창고를 지어야겠습니다!"

내 말에 이사장도 대기업보다 동특처럼 우량한 중소기업이 발전하기를 누구보다도 기대하는 사람이라며 힘을 보태겠다고 약속을 했다. 천만다행한 일이 아닐 수 없었다.

다음 날, 나와 이사장은 산업자원부를 방문해 다시 절차를 밟아 인허가를 신청했다. 이사장은 마치 자기 회사일이라도 되는 듯 관련 서류를 보여주며 열심히 설명을 했다. 그러나 며칠 뒤 온 통보는 여전히 불허였다.

계속되는 불허 방침에 나 역시 점점 지쳐갔다. 주위의 말처럼 대기업과의 싸움은 달걀로 바위를 치는 일인가 싶었다. 하지만 이대로 가만히 앉아서 당하기에는 너무 억울했다. 이왕 깨질 바에야 하는 데까지 최선을 다해보고 싶었다. 나는 당시 산업자원부의 수장으로 있던 김철수 장관을 찾아가기로 했다. 수소문 끝에 가까스로 장관을 만날 수 있는 기회를 얻은 나는 장관실을 찾아 목에서 피를 토하는 심정으로 상황의 답답함을 성토했다.

"장관님, 중소기업이 잘 돼야 국가의 미래가 있는 것 아닙니까?"

당시 내 머릿속에는 지금 이 자리에서 설득하지 못하면 내 사업도 망한다는 일념 하나밖에 없었다. 이런 내 노력이 장관의 마음을 움직였던 것일까? 한참 동안 인허가 서류를 꼼꼼히 살펴본 김수철 장관이 웃으며 고개를 끄덕였다.

"김 회장님, 그동안 어려움이 많으셨죠? 마땅히 해야 할 일을 못한 저희 불찰입니다."

김철수 장관은 곧바로 담당직원을 불러 국가 발전을 위해 우량기업을 적극적으로 지원을 못 해줄망정 오히려 막고 있는 게 말이 되냐고 호통을 치며 당장 결재서류를 가져오라고 말했다.

"장관님 정말 감사합니다!"

그 자리에서 인허가를 받을 수 있으리라고는 꿈도 꾸지 못했던 나는 김수철 장관의 호쾌한 결단에 고개를 숙일 수밖에 없었다. 하지만 김수철 장관은 오히려 손사래를 쳤다.

"아닙니다. 조만간 좋은 소식 기다리겠습니다."

"네, 반드시 사업에 성공해서 장관님께 소식 전해드리겠습니다!"

나는 김철수 장관과의 면담을 성공적으로 마무리할 수 있었다. 험난했던 대기업과의 싸움이 결국 나의 승리로 끝났던 것이다.

이후 저장창고를 무사히 완공한 나는 일본의 이토추 종합무역상사를 비롯한 외국 회사들로부터 각종 원료들을 수입해서 판매를 시작했다. 때마침 액화암모니아, 염소, 수소, PVC, 폴리에틸렌 등 기초화학 제품의 원료 수입이 큰 폭으로 늘어나 사업은 순풍에 돛단 듯 거침없이 앞으로 나아갔다. 그렇게 미래를 예견해 아끼지 않은 투자를 한 덕분에 마침내 국내 특수운송 부문에서 독보적인 강자가 될 수 있었다.

내가 대기업과 끝까지 싸운 이면에는 내가 이대로 물러나면 또 다른 피해자들이 계속 나올 것이라는 생각도 한몫했다. 바른 길을 걷는 기업이나 사람들을 부당한 방법을 이용하거나 더 큰 힘을 이용해서 피해를 주는 상대는, 누군가가 나서서 반드시 이겨줘야 한다고 생각했던 것이다. 그래야 대기업의 전횡이 줄어들고 더 나은 사회가 될 수 있지 않겠는가.

진화론을 창시한 찰스 다윈은 생태계의 경쟁에서 최후까지 살아남는 종은 '크고 강한 종'이 아니라 '끊임없이 변화하는 종'이라고 말했다.

우리는 무의식적으로 몸집이 크고 힘이 강한 상대가 몸집이 작고 힘이 약한 상대를 이길 거라 생각한다. 물론 많은 경우 이러한 예상은 그대로 적용된다. 그러나 기억하라. 다윗과 골리앗의 전투에서 승리한 이는 작고 약한, 하지만 용감하고 담대했던 다윗이었음을!

경영자로서의
책임을 잊지 마라

　다시 이 책의 처음 질문으로 돌아가 보자. 당신은 왜 사업을 하고
싶은가? 꿈을 잃고 하루하루 쳇바퀴처럼 돌아가는 직장 생활에 신
물이 올라와서? 아니면 돈을 많이 벌어 떵떵거리며 살고 싶어서? 그
런데 누구나 화려한 성공에만 스포트라이트를 비출 뿐, 성공한 이들
이 등에 짊어져야 할 무거운 짐에 대해서는 관심을 두지 않는다. 중
국 최대의 전자상거래업체인 알리바바의 마윈(馬雲) 회장이 중국
CCTV의 한 프로그램에 출연해 부(富)에 대해 설명하던 중 이렇게
말했다.

"91위안(1만 6,000원 정도)의 월급을 받고 교사로 일할 때가 내 인생에서 가장 행복했다."

코딱지만 한 월급을 받던 평범한 영어교사에서 중국 최대 전자상거래업체의 회장이라는 신화를 이룩한 그가 한 말이지만, 성공을 통해 부와 명예를 쌓기를 꿈꾸는 입장에서는 도무지 이해 못할 말이다. 마윈 회장은 뒤이어 이런 말도 했다.

"그때는 이제 몇 달만 버티면 자전거를 한 대 살 수 있겠다는 생각을 했지만, 지금은 그런 욕망이 없다."

순자산 200억 달러가 넘는 그의 능력이라면 최고급 요트에 개인용 비행기까지 충분히 구입할 수 있을 것이다. 그런 그가 자전거 한 대를 살 때의 행복이 더 컸다고 말하다니, 대체 무슨 뜻일까? 그가 방송에 참여한 젊은 패널에게 마지막으로 한 말을 들어보면 어렴풋이나마 짐작이 간다.

"큰돈을 벌고 싶은 젊은이들에게 충고 한마디 하고 싶다. 돈을 많이 벌수록 해야 할 일도 늘어나는데, 중국 최고의 부자가 되려면 최대 책임을 등에 짊어질 것을 감수해야 한다."

내게는 소위 재벌 2세 친구들이 여럿 있다. 수십 년 동안 사업을 하다 보니 자연스럽게 친분이 쌓였고, 이후 절친한 사이가 되었다. 대부분의 사람들은 금수저를 물고 태어난 재벌 2세들은 마냥 행복하리라 생각한다. 하지만 실상은 전혀 그렇지 않다. 적게는 수천에서 많게는 수만 명의 직원들을 이끌고 나간다는 게 정말 쉽지만은 않은 일이기 때문이다. 한 친구는 모든 것을 내려놓고 무작정 쉬고 싶다고 술만 마시면 한숨을 내쉰다. 본인 의사보다는 운명처럼 물려받은 위치이기에 맘고생이 더 큰 것이다.

재벌 2세 친구들과는 사정이 약간 다르지만, 나 역시 첫 사업부터 시도하는 모든 사업이 크게 성공해 주위에서는 천운(天運)을 타고났다고 부러움과 질시가 뒤섞인 시선을 보내곤 했다. 하지만 과연 진짜 그런 것인가 곰곰이 생각해보면 허탈한 웃음만 나온다. 천운은커녕 성난 파도 같은 우여곡절이 더 많았기 때문이다.

사업가는 바짝 날이 선 칼 위를 걷는 사람이다. 그 길은 걸을 때마다 피가 철철 흐른다. 그래도 앞을 향해 걸어가야 한다. 경영자의 어깨 위에는 직원과 그들 가족의 생존이 걸려 있기 때문이다.

이런 경영의 어려움 중에서 지난 세월 가장 나를 고통에 빠뜨렸던, 세월이 흐른 지금도 기억조차 떠올리고 싶지 않을 만큼 힘들었던 일이 바로 고속버스 추락 참사다.

1992년 3월, 경북 영천 고속도로를 달리던 C사의 고속버스가 길이 막히자 이리저리 차선을 변경하며 수시로 끼어들기를 시도했다.

그러다가 언덕길에서 마주오던 우리 회사의 특수유조차를 피하지 못하고 추돌한 뒤 언덕 아래로 구르고 말았다. 18명이 죽고 30여 명이 중경상을 당한 대형 참사였다.

연락을 받고 허겁지겁 달려간 영천은 아비규환이었다. 여러 병원에 분산 안치된 사망자들을 찾아다니며 나는 할 말을 잃고 말았다. 대구에 사는 딸네 집에 가다 사고를 당한 할머니, 한 집안의 가장인 마흔 중반의 아버지, 갓 초등학교에 들어간 사내아이 등 이런저런 사연을 가진 사람들이 안타깝게도 한순간에 생명을 잃고만 것이다.

도저히 감당하기 힘든 현실에 눈앞이 캄캄했다. 며칠을 뜬눈으로 이 병원 저 병원을 직원들과 쫓아다니며 유가족을 만나 사태를 수습했지만, 해도 해도 끝이 없었다. 전쟁이 무서운 건 전쟁 자체도 두렵지만, 전쟁이 끝난 뒤의 피해 복구 과정 때문이라는 말이 틀린 말이 아니었다. 그렇게 정신없이 사건 수습을 위해 뛰어다닐 때였다. 어딘가에서 '정상적으로 운행하던 고속버스를 언덕길을 과속으로 내려오던 동특의 특수유조차가 들이받아 벌어진 사건'이라는 어처구니없는 유언비어들이 흘러나오기 시작했다.

기가 막혀 맥이 풀리고 말았다. 하지만 지금처럼 도로에 CCTV도 흔치 않고, 차량 내 블랙박스도 없던 당시에는 얼마든지 진실이 호도될 수 있었다. 예상처럼 어느 틈에 C사에 유리한 방향으로 사고 원인이 기울고 있었다. 사건을 담당한 대구지검으로 급히 달려가니 상황이 확실히 동특에 불리하게 진행되고 있었다.

'정신 차리지 않으면 우리가 모든 걸 뒤집어쓰게 생겼구나!'

자칫하다가는 동특이 사회적 비난을 고스란히 덮어쓰게 될 판이었다. 피해보상은 보험으로 처리된다고 하더라도 평생 오명을 안고 살아갈 수는 없었다. 우리의 명예를 지키기 위해서라도 꼭 진실을 알려야만 했다.

그날부터 나와 직원들은 유가족과 담당공무원, 기자, 검사, 경찰관 등 수많은 사람들을 찾아다니며 사실을 바로잡기 위해 노력했다. 하지만 쉽지 않았다. 마치 퍼즐을 꿰어 맞추듯 불리한 정황과 증언들이 하나둘 나타나 우리를 가해자로 몰아붙이고 있었다. 세 명의 사람이 이야기하면 호랑이도 만들어낼 수 있다는 삼인성호(三人成虎)라는 고사처럼 동특이 피해자에서 가해자로 한순간에 전락할 위기에 처한 것이다. 자포자기 심정으로 숙소로 돌아오면 나는 빈속에 소주를 마셔댔다. 취기가 오르면 나도 모르게 눈물이 쏟아졌다.

'내가 왜 운수업을 해서 이런 엄청난 시련을 겪어야 하는 건가?'

후회가 물밀 듯이 밀려왔다. 어떻게 수습해야 이 난관을 헤쳐 나갈지 알 수가 없었다. 그래서였을까. 모든 걸 포기하고 사업을 접어야겠다는 생각이 꼬리를 물고 머릿속을 떠돌았다. 만약 그때 직원이 편지 한 통을 내게 건네지 않았다면, 아마도 모든 것을 포기했을지도 모른다.

그것은 아버지가 보낸 편지였다. 처음부터 극구 사업을 말리며 평탄한 삶을 살기를 바라셨던 아버지께서, 자식에 대한 애정 표현에 인색했던 아버지께서 커다란 위기에 봉착한 아들에게 편지를 보내셨던 것이다.

"아들아, 불행하게도 있어서는 안 될 큰 사고가 발생했구나. 일단 일이 터진 이상 차분하게 원인을 규명하여 잘 처리하길 바란다. 너는 반드시 잘 해결해낼 수 있으리라 믿는다."

아버지의 편지에 그만 눈물이 펑펑 쏟아지고 말았다. 그리고 정신이 번쩍 들었다. 이렇게 멍하니 정신을 놓고 있는 것은 직무 유기였다. 나는 아버지의 편지에 다시 힘을 얻어 이번 일도 반드시 극복해내리라 다짐했다.

'진실은 어떤 경우에라도 가장 강력한 힘을 발휘한다'는 믿음 하나로 다시 힘을 내어 당시 상황을 명백하게 밝히기 위해 노력했다. 그리고 나의 믿음은 곧 현실로 되돌아왔다. 사고 경위를 재조사하라는 여론이 일기 시작했던 것이다. 사건을 담당했던 검찰청에서도 다시 사건을 수사했고, 결국 동특의 일방적인 잘못이 아닌 쌍방과실에 의한 사고로 사건은 마무리가 될 수 있었다.

이후 나는 같은 사고가 재발하지 않도록 기사들의 안전교육에 총력을 기울였다. 기사들 또한 충격이 컸던지 회사의 방침에 잘 따라주었고 이후로는 큰 사고가 일어나지 않았다.

◆ ◇ ◆ ◇

　기업을 경영하다 보면 힘이 없다는 이유로 억울함을 고스란히 감수해야 경우가 너무나 많다. 하지만 해결의 열쇠는 언제나 진실에 있다. 손바닥으로 하늘을 가릴 수 없듯 진실은 언젠가는 반드시 밝혀진다. 사필귀정(事必歸正)이라는 말처럼 세상사는 마침내 올바른 것이 이기기 마련이다. 나는 그렇게 믿고 있다.

　거짓으로 칭찬받고 승승장구하는 사람을 부러워할 필요는 없다. 아무리 꼼수를 부려봐야 사람들은 안다. 그것이 거짓이라는 것을. 자신에게 진실하고, 타인에게 진실하고, 어떠한 상황에서든 진실하게 행동해라. 진실은 어떤 경우라도 가장 강력한 힘을 발휘하기 때문이다.

　C사의 고속버스 참사는 내 평생 잊지 못할 참극이었다. 많은 분들에게 더없이 죄송스러웠고, 위로할 수 없는 슬픔을 안겨주었다. 이미 많은 시간이 흘렀지만 이 자리를 빌려 다시 한 번 사과를 드린다. 당시의 사고로 유명을 달리한 이들에 대한 연민과 죄책감은 내 삶 동안 평생 떠안고 가야 할 숙제이다.

04

꿈 앞에서
항상 당당하라

한걸음 앞서
예측하라

먼저 용어부터 정리해보자. 블루오션(Blue Ocean)이란 이제껏 시도된 적이 없는 잠재력을 가진 시장을 의미한다. 1980년 세계 최초로 24시간 생방송 뉴스채널 CNN을 설립한 테드 터너, 아이들뿐만 아니라 어른들까지 매혹시킨 태양의 서커스를 창조한 기 랄리베르테, 소프트웨어 분야의 절대 강자 마이크로소프트의 설립자 빌 게이츠, 아이폰으로 휴대전화의 혁신을 이끈 애플을 창업한 스티브 잡스, 전자상거래의 새로운 장을 연 알리바바의 CEO 마윈의 공통점은 무엇일까? 바로 가치 혁신을 통해 새로운 시장을 열어 블루오션 마케팅을 구현한 기업인들이라는 점이다.

새로운 분야에 대한 도전은 참고할 만한 선례가 없다. 오로지 자신의 노력으로 하나부터 열까지 그려나가야만 하는 위험한 모험이다. 하지만 일단 성공하게 되면 선발주자이기 때문에 가장 큰 이득을 취할 수 있다. 반면 1등의 자리에 안주해 더 이상 새로운 시장을 찾지 않은 기업은 하나같이 몰락의 길을 걸었다.

현재에 안주하지 마라

불과 10년 전만 하더라도 노키아(Nokia)는 전 세계의 기업에 영감을 주는 혁신의 대명사였다. 1865년 제지회사로 출발해 1992년 휴대전화 사업에 뛰어들어 불과 10년 만에 미국의 모토로라를 제치고 세계 1위에 올라선 노키아는 핀란드 전체 수출의 20퍼센트를 차지하는 국민기업으로 승승장구했다. 하지만 이런 노키아에도 운명의 날이 다가왔다. 2007년 애플이 아이폰을 출시한 것이다. 이제까지 없던 새로운 휴대전화를 선보인 애플을 두고 노키아의 CEO 칼라스부오는 자신감에 차 말했다.

"오직 노키아가 표준이다."

그러나 칼라스부오의 말은 자신감이 아니라 자만심에서 비롯된 것이었다. 휴대전화 시장은 스마트폰으로 빠르게 이동했고, 노키아의 매출은 곤두박질쳤다. 노키아는 후회하며 재빨리 스마트폰 시장에 뛰어들었지만 이미 때는 늦어 있었다. 결국 노키아는 헐값에 마이크로소프트에 매각됐다.

세상의 변화를 예측하지 못하고 현실에 안주하면 큰 위기를 초래한다는 걸 여지없이 보여준 사례다. 한치 앞도 모르는 게 세상일이다. 그만큼 미래를 예측한다는 건 힘든 일이다. 반대로 미래를 예측하면 그만큼 성공할 수 있는 확률이 높아진다고 할 수 있다. 내가 특수화물 운송업을 첫 사업 아이템으로 결정한 것 역시 한 발 앞서 미래를 예측했기 때문이다. 정확한 예측을 바탕으로 나는 성공할 수 있었다.

세상은 빠르게 변화하고, 끊임없이 새로운 것을 만들어낸다. 소비자는 언제나 새로운 것에 흥미를 느낀다. 또 매우 냉정하다. 결국 잠시라도 방심하고 자만해 소비자의 마음을 읽지 못하면, 되돌리기 어려운 상황에까지 이르게 되는 것이다. 시장의 변화를 정확히 예측하지 못하는 기업은 업계에서 퇴출될 수밖에 없다. 이것은 적자생존의 냉엄한 현실이다.

노키아처럼 지금 아무리 잘나가더라도 미래에 대한 예측이 잘못되면 한 번에 무너질 수도 있다. 때문에 경영자는 미래를 예측하는 능력을 길러야 한다. 항상 생각하고 또 생각해라.

끊임없이 블루오션을 찾아라

블루오션은 어떻게 찾을 수 있을까?

첫째, 세상을 관찰하는 능력을 키워야 한다. 앞에서 말한 빌 게이츠, 마윈, 스티브 잡스 같은 이들은 세상을 관찰하는 능력이 매우 뛰어나다. 경제뿐만 아니라 정치, 문화, 사회 전반에 걸쳐 심도 있게 관찰할 수 있는 능력을 키워야 한다.

둘째, 사람들이 무얼 원하는지 예측해라. 소비자는 늘 새로운 것을 원한다. 이로 인해 소비 형태는 끊임없이 변화한다. 따라서 그들이 원하는 것을 미리 예측하고 만들어내야 성공할 수 있다.

셋째, 치밀하게 계획서를 짜라. 내 경우를 보더라도 첫 사업계획서를 완성하기까지 수개월이 걸렸다. 산업 현황, 기술 현황, 생산 계획, 인력 구조, 마케팅 전략, 예상 매출 등 가능한 한 세밀하게 계획을 짰다. 치밀한 계획서야말로 블루오션의 설계도와 같다. 설계도를 얼마나 잘 짜느냐에 따라 승패가 갈린다.

넷째, 모험을 두려워하지 마라. 블루오션은 새로운 아이템이다. 그렇기 때문에 누구도 선불리 투자하려 들지 않는다. 별 수 없이 자신이 가지고 있는 것을 몽땅 털어서 사업에 뛰어들어야 한다. 이런 투자가 잘되면 좋겠지만, 반대일 경우도 있다. 하지만 실패가 두려워서 시도조차 하지 말아야 할까? 스스로를 믿고 과감히 도전해야 할까? 선택은 당신 몫이다.

장기적인 안목을 키워라

현재 전 세계 사업의 대세는 단연코 IT 산업이다. 하루에도 수백 가지의 새로운 제품이 쏟아져 나와 경쟁을 펼치고 있다. IT 분야의 전문가들조차 잠깐만 한눈을 팔면 뒤처진다고 토로할 정도다. 하지만 첨단산업의 맹점은 최상위 기업만 살아남을 뿐, 나머지는 어려움을 겪게 된다는 점이다. 너도나도 뛰어들기 때문에 그만큼 경쟁이 심한 것이다.

이럴 땐 방향을 바꿔 틈새산업이나 기존의 사업을 면밀히 검토해보는 것이 오히려 나을 수도 있다. 기억하라. 블루오션은 상상 속에 숨어 있는 전혀 다른 무엇인가가 아니다. 기존의 시장에 분명 존재하는 것이다. 다만 모두가 눈길을 주지 않는 숨겨진 시장이었을 뿐이다. 그것을 캐낼 때 비로소 블루오션이 되는 것이다.

다시 한 번 강조하지만, 현재 호황산업이라고 무작정 뛰어들어서는 승산이 없다. 특히 산업 트렌드가 하루가 다르게 변화하는 21세기는 오늘의 블루오션이 내일의 레드오션이 되는 시대다. 따라서 최소한 10년 후를 내다볼 수 있는 넓은 안목이 필요하다.

세상은 여러분이 뒤처졌다고 뒤에서 밀어주거나 도와주지 않는다. 실패했다고 격려해주지도 않는다. 가혹하게 들릴지 몰라도, 수많은 청춘들 중에서 블루오션의 문을 열고 들어가는 사람은 극히 드물다. 그러니 포기하라는 말이 아니다. 꿈을 향해 더욱 적극적으로 도전해야 한다는 말이다!

블루오션은 결코 멀리 있지 않다. 항상 우리 주위를 돌며 누군 가가 발견해주기만을 기다리고 있다. 그것을 발견하느냐 못하느 냐에 따라 당신의 인생은 달라질 것이다.

해당 분야의
전문가가 되어라

　당신은 오늘 하루 몇 잔의 커피를 마셨는가? 1999년 이화여대 앞에 스타벅스 1호점이 문을 연 뒤로 지난 15년, 대한민국의 커피전문점 시장은 성장을 거듭해 2015년 연매출 3조 원을 넘어섰다. 유동 인구가 많은 핵심 상권에는 한 집 건너 한 집 커피전문점이 들어섰고, 2015년 전국의 커피전문점 수는 5만 개를 넘었다. 국민 1인당 일주일간 커피의 섭취 횟수는 12.3회로, 밥 7회, 김치 11.8회보다 많다. 커피가 하나의 문화로 자리 잡은 것이다. 그래서인지 요즘 커피 시장이 포화되었다는 우려 섞인 목소리가 틀린 말이 아닌 듯하다. 한마디로 커피전문점 사업도 블루오션 시장에서 레드오션 시장으로 급격히 변화하고 있는 것이다.

치킨사업은 또 어떤가? 몇 년 전부터 시장이 포화되면서 점포 두 곳이 창업하면 한 곳은 부조건 망한다는 사업이 치킨사업이다. 하지만 오늘도 여전히 창업을 바라는 수많은 이들이 치킨전문점 사업에 몰리고 있다.

말 그대로 현재 대한민국에는 프랜차이즈 광풍이 몰아치고 있다. 하루에도 이름도 들어본 적 없는 수많은 프랜차이즈 사업들이 생겨나고 있다. 창업 박람회장에 가면 전문가라는 명함을 단 수많은 사람들이 베스트 창업 아이템이다 뭐다 해서 사람들을 기다리고 있다. 시장 성장성이 어떻고, 초기 투자 자금은 얼마이고, 점포 입지의 유동인구와 연령대별 선호도가 어떤지 등 화려한 그래프와 도표로 분석한 포트폴리오를 들고 투자를 권한다.

그러나 장밋빛 성공을 꿈꾸며 투자한 이들 중에 성공의 열매를 수확하는 이들은 얼마 되지 않는다. 왜 이런 악순환이 반복되는 것일까? 처음 사업이라는 분야에 진출한 이들은 어떻게 해야 살아남을 수 있을까?

나만의 전문지식으로 승부할 수 있는 사업을 하라

사업에 성공하기 위해서는 우선 완벽에 가까우리만큼 해당 분야에 대한 지식을 쌓아야 한다. 이것은 기본 중에서도 기본이다. 횟집 사장이 회를 뜰 줄 모르면 가게가 망하듯 말이다. 해당 분야의 전문가에게도 뒤지지 않을 지식이 있어야만 사업을 내 의도대로 이끌어갈 수 있다. 제아무리 자금이 많더라도 전문지식이 부족하면 결코 오래가지 못한다. 그러니 당장의 성공에 들떠 교만하지 말고 끊임없이 공부해야 한다.

나 역시 블루오션이었던 특수화물 운송이라는 사업 아이템을 정한 다음 날부터 관련 지식을 쌓기 위해 자료를 찾아 헤맸다. 지금이야 인터넷 서핑을 통해 관련 자료를 쉽게 찾을 수 있지만, 당시는 무작정 발로 뛰는 수밖에 없었다. 그렇게 힘들게 자료를 구해서는 입에서 단내가 날 정도로 공부했다.

처음엔 진도가 나가지 않아 무척 힘들었다. 특수한 사업이라 그런지 책과 자료는 말 그대로 특수한 용어들 천지였다. 용어 하나를 해석하고 익히는 데도 오랜 시간이 필요했다. 마치 장님이 지팡이 하나에 의지해 세계 일주를 하는 느낌이었다. 하지만 꿈이 있었기에 포기하지 않았고, 나는 조금씩 지식의 스펙트럼을 넓힐 수 있었다. 그러한 노력 끝에 전문가도 부러워할 만큼 특수화물 운송에 대한 지식을 쌓을 수 있었다.

만약 이러한 전문가적 지식을 갖추지 않았다면 과연 내가 사업자금을 빌릴 수 있었을까? 펄펄 끓는 열정이 아무리 주위 사람을 끌어당긴다고 해도, 만약 "제가 그 사업 아이템에 대해서 아는 것은 얼마 없지만 반드시 성공할 수 있습니다!"라고 외쳤다면 상업은행 비서실장이 내 이야기를 들어주었을까? 그리고 여신본부장에게 나를 소개해줬을까?

실제로 내 사업계획서를 꼼꼼히 살펴보던 여신본부장은 고개를 갸우뚱했다. 특수화물 운송에 꼭 필요한 탱크로리가 어떻게 생겼는지조차 본 적도 없으니 당연했다. 그 순간이 바로 내가 힘들게 갈고닦은 실력을 보여줄 차례였다. 나는 탱크로리의 형태와 기능과 경제성부터 그 안에 실릴 유독물질의 종류와 성질 등에 대한 전문적인 내용을 열정을 다해 설명했다. 본부장의 눈빛이 달라진 것은 당연한 일이었다. 그렇게 단 한 번의 만남으로 나는 비서실장과 여신본부장을 설득할 수 있었다. 만약에 내가 그 자리에서 제대로 설명하지 못하고 머뭇거리는 모습을 보였더라면, 첫 사업의 꿈은 접어야 했을 것이다.

이처럼 전문지식이 부족하면 어떤 사업에서도 성공할 수 없다. 아는 게 없으니 여기저기 투자만 하다가 결국에는 사업에 실패하고 만다. 또한 어제 내가 알고 있는 지식은 오늘 새로운 지식으로 대체된다. 따라서 하루도 빠짐없이 해당 분야의 새로운 정보를 업데이트해야 한다. 결국에는 끊임없이 공부해야 한다는 뜻이다. 게으른 자는 결코 사업에 성공할 수 없다는 것을 명심하라.

다양한 분야의 지식도 함께 섭렵하라

전 세계적으로 누적 판매량 6,000만 부라는 대기록을 세운 자기계발서의 바이블 『카네기 인간관계론』의 저자 데일 카네기는 다음과 같이 말했다.

"성공의 85퍼센트가 인간관계에 달려 있다."

맞는 말이다. 당신 역시 사업을 하면 할수록 성공과 실패는 어떤 사람과 관계를 맺느냐에 따라 달라진다는 것을 뼈저리게 깨닫게 될 것이다. 그런데 이처럼 중요한 인간관계가 말처럼 쉽지만은 않다. 실제로 많은 사업가들이 가장 힘들어하는 것이 바로 인간관계다.

사업은 결코 문서와 문서만의 교류로 이루어지지 않는다. 어쩔 수 없이 별별 사람을 다 만나야만 한다. 그중에는 나와 성향이 맞아 대화가 잘 통하는 사람도 있지만, 얼굴을 맞대는 것조차 고역인 사람이 분명 있기 마련이다. 그럼에도 사업적으로 우호적인 관계를 지속해야 하는데 이게 말처럼 쉬운 일이 아니다. 앞에서 밝혔듯이 외적 성향을 가진 이들이 사업에 성공할 확률이 높은 것도 이 때문이다.

또한 아무리 사업 때문에 만난다고 해도 대화의 주제는 결코 사업 얘기만으로 흘러가지 않는다. 오히려 뛰어난 사업가일수록 사업 얘기는 많이 하지 않는다. 어떤 이는 시와 오페라를 이야기하고, 어떤 이는 여행과 첨단과학의 영역을 자유자재로 넘나든다. 이처럼 다양한 주제에 걸쳐 다방면의 대화를 나눠야 하는데, 결국 지적 수준이 고스란히 드러날 수밖에 없다.

즉 노련한 사업가들은 몇 마디의 대화만으로도 상대방의 수준을 가늠하고, 그 다음에 자신이 파악한 수준에 맞춰 상대방을 응대한다. 만약 수준이 뛰어나다면 그에 맞춰 사업 이야기가 진행될 것이다. 수준이 낮다면 마찬가지로 그에 맞춰 사업이 진행된다. 수치와 도표가 나열된 사업의 포트폴리오가 아니라 사업가의 자질, 즉 미래를 보는 것이다. 실제로 다양한 분야에 대한 폭넓은 지식이 부족한 이들은 주눅이 들어 자기주장은커녕 상대방의 언변에 넘어가기 쉽다. 처음부터 밑지고 들어가는 장사를 시작하는 것이다.

따라서 경영자는 올라운드 플레이어가 되어야 한다. 해당 분야의 전문지식으로 무장하는 건 경영자에게는 기본사항일 뿐이다.

뛰어난 경영자가 되고 싶은가? 그렇다면 당신 자신을 다른 사람들에게 매력적으로 어필할 수 있는 지적 수준을 지녀라. 지식은 많으면 많을수록, 넓으면 넓을수록, 깊으면 깊을수록 좋다.

특히 난관에 부딪쳤을 때, 지식이 많은 사람은 다양한 접근 방식으로 푸는 것이 가능하다. 넓은 사고로 해결 방법을 쉽게 도출하는 것이다. 열정 하나만을 믿고 도전하던 세상은 이제 지났다. 돈만 가지고 사업하던 세상도 아니다. 이제는 지식과 관계의 싸움이다. 많이 알고 많이 교류하는 사람이 승리하는 시대가 온 것이다.

사업은 서류와 서류가 아니라 인간과 인간이 하는 화학적 반응이다. 사업가가 끊임없이 공부하는 이유가 바로 여기에 있다. 고픈 배보다는 텅 빈 머리를 어떻게 채울 것인가를 우선적으로 고민해라.

작은 기회 속에
성공의 비밀이 있다

　어느 날, 휴가를 즐기기 위해 공항에 도착한 한 남자는 당황스러
운 일에 맞닥뜨렸다. 무슨 이유인지 비행기가 갑자기 취소된 것이다.
공항에는 자신처럼 비행기를 타지 못한 사람들이 어쩔 줄 몰라 발을
동동 구르고 있었다. 이를 본 남자는 어깨를 으쓱하고는 그 자리에서
2,000달러에 747 중고 보잉기 한 대를 전세 냈다. 그러고는 비행기
를 기다리던 사람을 한데 모아 말했다.

　"비행기를 타고 싶은 분들은 손을 들어주세요. 제가 2,000달러에
전세기를 구했습니다. 승객 인원대로 돈을 나눠 내면 당장 비행기를

띄울 수 있습니다."

사람들은 남자의 제안에 환호성을 터뜨렸다. 그렇게 비용을 승객 수로 나눴더니 한 사람당 39달러가 나왔다. 남자는 웃음을 지으며 커다란 보드 판에 다음과 같이 썼다.

"버진항공사, 푸에르토리코행 편도 39달러."

오늘날 전 세계의 하늘을 누비고 있는 버진항공의 시작을 알리는 순간이었다. 괴짜 경영자로 우리들에게 잘 알려진 버진그룹의 리처드 브랜슨 회장의 수많은 일화 중에 한 토막이다.

나 역시 리처드 브랜슨 회장처럼 평소 겪던 불편 때문에 사업 아이템을 잡아 성공한 경우가 있다. 바로 고속도로 휴게소 사업이다.

1995년, 고속도로 휴게소 운영권이 민영화된다는 소식이 전해졌다. 그때까지만 해도 도로공사에서 휴게소를 독점 운영했는데, 독점의 폐해인 방만한 운영 탓에 몇몇 휴게소를 빼면 엄청난 적자에 시달리고 있었다. 지금이야 휴게소마다 맛있다고 소문난 음식이 있고 화장실도 청결하게 운영되지만, 당시에는 서비스의 인식이 약해 휴게소의 환경은 말 그대로 최악이었다. 불친절한 서비스와 비위생적인 운영에 다시는 찾고 싶지 않은 휴게소가 대부분이었다. 생면부지의 사람들이 만남과 헤어짐을 반복하는 장소이니 단골이라는 개념이 부족할 수밖에 없는 건 어쩔 수 없었지만, 아무리 뜨내기손님을 상대하는 장사라고 해도 눈앞의 이익만 좇는 휴게소는 이용자의 원성을 사게 하기에 충분했던 것이다.

평소부터 휴게소에 들를 때마다 '내가 운영한다면 이렇게는 안 할 텐데'라고 생각하던 나는 민영화가 발표되자마자 입찰에 뛰어들었다. 이전의 방만한 운영에서 탈피해 친절한 서비스와 위생적인 환경을 제공하면 충분히 이익을 낼 수 있다고 판단했기 때문이다. 예상대로 전국 각지에서 많은 업체들이 휴게소 사업에 뛰어들어 도로공사의 평균 예시가보다 3배가 넘는 금액으로 입찰이 진행되었다. 결과적으로 나는 무려 55대 1의 경쟁을 뚫고 천안휴게소를 낙찰 받을 수 있었다.

사업을 낙찰 받자마자 나는 천안휴게소로 달려가 직원들 서비스부터 시설물 관리까지 면밀하게 살폈다. 예상처럼 천안도 여느 휴게소와 다를 것이 없었다. 직원들은 형식적으로 손님을 응대하기 바빴고, 화장실은 눈살이 찌푸려질 만큼 비위생적이었다. 위험한 주차관리 등 무엇 하나 제대로 된 것이 없었다.

나는 천안휴게소를 반드시 대한민국 최고의 휴게소로 만들어내겠다고 결심했다. 그리고 한국도로공사로부터 운영권을 넘겨받자마자 대대적인 개선작업에 들어갔다. 일일이 열거하자면 끝도 없어 몇 가지만 소개하고자 한다.

우선 직원들에게 친절의식을 심어주기 위해 서비스교육을 시켰다. 몇 개의 그룹으로 직원들을 나누어 전문기관에 위탁해 친절교육을 받게 한 것이다. 처음에는 새로 온 경영자가 쓸데없이 귀찮게 한다며 짜증을 내는 직원들도 많았다. 자기 점포가 아니니 그럴 만도 했다. 하지만 불만이 나오면 나올수록 나는 교육을 강화했다. 친절이 몸에 배도록 습관화시켰던 것이다. 그렇게 몸에 인이 박힐 때까지 교육을 하자 확실히 분위기가 달라지는 게 눈에 보였다. 무뚝뚝한 표정으로 일관했던 직원들이 친절하게 인사를 먼저 건네기 시작했고, 따뜻한 미소로 손님들을 대하기 시작한 것이다. 직원들의 미소가 늘어날수록 휴게소 매출은 상승했다. 휴게소 매출이 올라가면서 보너스 금액이 올라가니 직원들 얼굴에 미소가 더해지는 것은 당연지사. 자연스럽게 선순환 구조가 이루어졌던 것이다.

또 하나, 알다시피 천안휴게소는 호두과자로 유명하다. 그런데 직접 먹어본 호두과자는 유명세에 비해 속에 넣는 소의 상태가 형편없었다. 나는 곧바로 담당자를 불러 적자가 나도 좋으니 가장 좋은 호두와 팥을 구입해 넉넉히 넣어 만들라고 지시했다. 그렇게 재료를 바꿔 호두과자를 만들자 입소문이 나면서 한두 박스를 사던 사람들이 서너 박스씩 구입하고, 한번 샀다가 다시는 안 산다고 고개를 내젓던 고객들이 호두과자를 사기 위해 천안휴게소를 다시 찾기 시작했다.

덕분에 호두과자 매출이 두 배나 늘었는데, 흥미로운 것은 호두과자를 사러 온 손님들이 다른 제품 구입에 지갑을 열면서 전체적인 매출도 올랐다는 것이다. 품질 향상은 반드시 수익 증대로 이어진다는 진리를 다시 한 번 확인하는 순간이었다.

내가 서비스 교육 못지않게 신경 쓴 것이 바로 화장실 문제였다. 휴게소에 오는 사람들은 거의 대부분 화장실부터 들른다. 따라서 엄청나게 많은 사람이 사용하기 때문에 조금만 신경을 쓰지 않아도 악취가 진동할 수밖에 없다. 하루 종일 수시로 쓸고 닦지 않으면 안 되는 공간이 휴게소 화장실인 것이다. 나는 사업권을 따내자마자 화장실을 리모델링해 쾌적한 화장실로 탈바꿈시켰다. 그리고 화장실 담당 직원을 늘려 사용자들의 민원이 없게 조치했다. 그러자 천안휴게소 화장실이 청결하다는 입소문이 퍼지면서 다른 휴게소에 들르지 않고 참았다가 일부러 찾는 손님까지 생기기 시작했다. 방문자가 많아지니 매출이 커지는 건 당연했다. 이렇게 천안휴게소 화장실의 성공 사례가 알려진 뒤로 다른 휴게소도 우리를 벤치마킹해 화장실을 깨끗하게 고쳐나갔다.

그밖에도 물맛 좋기로 유명한 천안휴게소를 널리 알리기 위해 손님들에게 마음껏 물을 담아갈 수 있게 식수대를 설치하는 등 나는 그동안 내가 꿈꾸었던 휴게소를 만들기 위해 노력했고, 그 결과 천안휴게소를 최고의 휴게소로 만들 수 있었다.

최고의 휴게소로 자리 잡은 천안휴게소는 매출이 급신장했다. 예를 들어 설이나 추석 같은 연휴가 되면 휴게소는 사람들로 인산인해를 이루게 되는데 3~4일간의 연휴 동안 판매되는 커피자판기 매출만 해도 하루에 수천 만 원이나 될 정도였다. 그러니 연휴 기간 휴게소의 총 매출이 얼마였는지는 여러분들의 상상에 맡기겠다.

한 가지 에피소드가 있다. 연휴 동안 벌어들인 현금이 너무 많아 포대 자루에 담아 보관하고 있다가 은행에 입금을 했는데, 은행 직원들이 하루 종일 돈을 세어도 마감시간을 넘길 정도였다.

내가 만일 손님들과의 만남을 쉽게 생각했다면 어땠을까? 결코 직원들의 친절이나 음식의 질과 화장실 환경 개선 등은 이루어지지 않았을 것이다. 그러나 눈에 보이지 않는 자그마한 노력일지라도 제공받는 사람들은 금방 알아챈다.

수많은 사람들과 만나야 하는 사업가라면 어떤 형태의 만남이라도 그 만남을 소중하게 생각해야 한다. '어차피 모르는 사람, 대충 팔면 어때?' 하고 생각하는 경영자는 결코 성공할 수 없다. 아무리 적은 숫자라도 하나하나 쌓여서 천이 되고, 억이 되는 것이다. 단 한 명의 고객의 목소리라 하더라도 진심으로 경청해라.

시간을 장악하는
사람이 승리한다

　비즈니스란 자본, 물질, 인력 등의 경영 자원을 효율적으로 관리하는 과정이라 할 수 있다. 그런데 이와 같은 다양한 경영 자원들 중에서 단 하나의 자원만큼은 모든 경영자에게 공평하게 부여된다. 바로 시간이다. 그러나 시간은 어떻게 관리하느냐에 따라 그 가치가 달라진다. 처음 사업을 시작한 이들은 이구동성으로 이렇게 앓는 소리를 한다.

　"사업이 이렇게 바쁜 일인지 미리 알았으면, 아마 시작할 엄두도 못 냈을 것 같습니다."

맞다. 사업가는 바쁘다. 바쁠 수밖에 없다. 바쁘지 않다면, 그 사람은 진정한 사업가가 아니다. 자본, 물질, 인력 등, 수많은 경영 자원을 관리하고 최종적으로 승인해야 하는데 어떻게 바쁘지 않을 수 있을까? 그러나 말 그대로 진짜 시간이 절대적으로 부족한 것일까? 혹시 시간이 부족한 것이 아니라, 시간을 관리하는 기술이 부족하기 때문은 아닐까?

이것은 비단 경영자의 문제만이 아니라, 하루하루 똑같은 일상을 살아가면서 새로운 꿈을 꾸고 있는 우리 모두의 문제일 것이다.

시간을 가지고 놀아라

나는 지금도 기회가 되면 지하철을 이용하는데, 그때마다 답답한 장면과 맞닥뜨리게 된다. 언젠가부터 남녀노소 가릴 것 없이 무표정한 얼굴로 스마트폰을 들여다보고 있는 것이다. 스마트폰으로 강의를 듣거나 자기 분야에 관한 정보를 검색하는 이들에게는 그야말로 박수를 보내고 싶다. 하지만 살펴보면, 많은 이들이 게임을 즐기거나 연예기사를 보고 있을 뿐이다.

굳이 '시간이 금이다'라는 명언을 들먹이지 않아도 정말 시간이 아깝다는 생각이 들지 않을 수 없다. 물론 지하철은 시간을 보내기에 쾌적한 공간은 아니다. 시끄럽고, 사람 많고, 공기도 탁해 쉽게 짜증이 난다.

그럼에도 청춘들은 시간을 낭비해서는 안 된다! 짧은 시간이라도 인터넷 강의를 듣거나 관심 있는 분야를 검색해 지식을 쌓아야 한다. 적은 시간일지라도 그런 시간들이 쌓이고 쌓여 자신만의 내공이 되는 것이다. 아니면 차라리 눈 감고 잠시 쉬면서 명상을 해라.

어느 경영자의 자서전을 읽어보니, 그는 1분, 1초도 허투루 쓰지 않기 위해 세세한 스케줄에 맞춰 움직인다고 했다. 대단히 효율적인 방법이지만, 문제는 보통사람들은 그렇게 딱딱 맞춰 생활할 수 없다는 것이다. 아침부터 계획한 대로 일이 척척 진행된다면 얼마나 좋을까. 하지만 우리의 일상에는 엄청난 변수가 도사리고 있다. 아무리 계획을 잘 짜더라도 관리는 엉망이 될 수 있다.

그럼에도 현재의 자신이 불만족스럽다면, 무언가 새로운 기회를 만들고 싶다면, 시간에 끌려 다니지 말고 시간을 장악해야 한다. 하루하루 도사리고 있는 시간의 변수를 나의 통제 아래 둘 수 있느냐 아니냐에 따라 성공과 실패가 나뉜다. 시간에 휘둘리지 말고, 시간을 가지고 놀아라!

절대적인 시간의 상대적인 승자가 되라

인간은 누구나 평등하다. 그러나 불공평하게 태어나는 것은 틀림

없는 사실이다. 어떤 이는 세계 제일의 나라라는 미국에서 태어나고, 어떤 이는 기아의 위험에서 생존해야 하는 에티오피아에서 태어난다. 같은 나라에서 태어난다고 해도 누군가는 대기업 사장의 아들딸로 태어나고, 누군가는 태어나자마자 길거리에 버려지기도 한다. 하지만 유일하게 공평한 게 딱 하나 있다. 바로 남녀노소, 빈부를 떠나서 누구에게나 하루 24시간이 주어진다는 것이다.

1년이면 8,760시간. 꽤 많은 시간이다. 하지만 하루 6~8시간을 잠자고, 밥 먹고, 화장실 가고, 출퇴근하고, 텔레비전을 보고, 웹서핑을 하는 시간을 제외하면 온전하게 무언가를 위해 사용할 수 있는 시간은 얼마 되지 않는다는 걸 우리는 알고 있다.

따라서 시간을 관리하는 최고의 방법은 자투리 시간을 활용하는 것이다. 예를 들어 출퇴근 시간이 하루에 한 시간이라고 가정한다면 주 5일 근무제 직장인의 경우 한 달이면 대략 24시간, 1년이면 288시간 정도가 확보된다. 자투리 시간이라도 꼬박꼬박 모으면 엄청난 시간이 되는 것이다.

나는 사업을 하며 자투리 시간을 허투루 낭비하지 않고 활용하는 법을 스스로 터득했다. 한창 바쁠 때는 파리로 출장을 가서 테제베를 타고 목적지에 도착해 미팅을 하고, 곧바로 공항으로 되돌아와 서울행 비행기에 몸을 실어야 했다. 하루 만에 파리에서의 일정을 끝낸 것이다. 너무 바쁠 때는 하릴없이 시간을 낭비하는 사람들에게 거금을 주고 시간을 살 수 있으면 얼마나 좋을까, 하는 엉뚱한 상상을 할 정도였다.

이처럼 바쁘게 생활하다보니 정작 사업 구상 같은 중요한 일을 할 시간이 부족했다. 그렇다고 눈앞의 시급한 일을 제쳐두고 따로 시간을 낼 수도 없었다. 결국에는 자투리 시간을 최대한 활용하는 것밖에 달리 방법이 없었던 것이다. 그래서 나는 이동하는 차 안에서 사업에 대한 전체적인 로드맵을 짜거나, 해외 출장을 가는 비행기 안에서 사업 구상을 하려고 노력했다. 심지어 화장실에 앉아 있는 시간조차 아까워 메모지를 챙겨 들고 볼일을 보기도 했다. 이렇게 자투리 시간을 잘 활용하다보니 차츰 시간에 허덕이는 일이 사라졌다. 실제로 성공한 사람들의 시간관리 노하우를 살펴보면 대부분 자투리 시간을 절대 헛되이 낭비하지 않는 것을 알 수 있다.

물론 당신에게 먹고 자는 시간을 제외한 모든 시간을 사업에만 쓰라는 말은 결코 아니다. 적절하게 쉬는 시간도 자신에게 줘야 한다. 그런 쉼으로 인해 재충전이 되고 새로운 아이디어도 떠오를 수 있기 때문이다.

지금 이 순간, 시간이 부족하다고 투덜대고 있다면 자신이 어떻게 시간을 쓰고 있는지를 진지하게 되돌아봐라. 사업뿐만 아니라 인생의 성패는 시간과의 싸움에 달려 있다. 당신의 시간은 절대 모자라지 않다. 얼마나 유효적절하게 사용하느냐에 따라 성공과 실패의 그림자가 드리워진다는 걸 명심해라.

사업 성공의 열쇠는
'사람'이다

    유능한 경영자가 되기 위해서는 다양한 자질이 필요하다는 건 아무리 강조해도 지나치지 않다. 기업이 당면한 문제에 대한 정확한 판단력이나 새로운 프로젝트에 대한 아이디어와 포용력, 문제의 핵심을 파악해 해결할 수 있는 지적 능력, 사람을 다루는 능력 등 갖추어야 할 자질이 정말 만만치 않다.

    그중에서 구성원, 즉 직원들을 다루는 능력은 더 이상 설명이 필요 없을 만큼 중요하다. 경영자는 경영자마다 자신만의 인사관리 철학을 가지고 있다. 일례로 어떤 경영자는 인사고과에 따른 철저한 신상

필벌을 적용하기도 한다. 공이 있으면 상을 주고, 과가 있으면 가차 없이 벌을 주는 것이다.

나는 무엇보다 구성원들의 경제적, 심리적 만족감을 충족시켜줄 수 없다면 그 조직의 성상은 한계에 부딪히고 말 거라고 생각한다. 2015년 4월, 미국의 신용카드 결제시스템 회사인 그래비티 페이먼츠의 젊은 최고경영자인 댄 프라이스는 파격적인 연봉 정책을 발표했다. 자신의 급여를 90퍼센트 삭감하는 대신 전 직원의 연봉을 7만 달러로 올려주겠다고 약속한 것이다. 미국 사회의 심각한 소득 불균형을 자신이 생각하는 방식으로 해결해 보겠다는 포부에 따른 특단의 조치였다.

댄 프라이스의 결정이 뉴스에 보도된 뒤로 보수와 진보 양 진영의 경제전문가 사이에 엄청난 논쟁이 시작됐다. 보수적 경제 전문가들은 수백 년 동안 쌓아왔던 자본주의 임금체계를 무너뜨리고, 근로자를 게으르게 해 오히려 경영 악화를 초래할 것이라 강력히 경고했다. 반대로 진보적 경제 전문가들은 갈수록 불평등해지는 자본주의 사회를 개선하기 위한 의미 있는 행보라며 지지를 표했다.

결과는 어떻게 되었을까? 적어도 2015년 말, 그래비티 페이먼츠의 수익은 반 년 전보다 2배 이상을 기록하고 있다. 댄 프라이스는 다음과 같이 말했다.

"사업 리더로서 획득하고 싶은 것은 돈이 아니라 이루고자 하는 목적과 사회적 영향, 서비스다. 그것들로 나를 평가하길 바란다."

나 역시 사업을 하는 내내 동종업계 최고 수준의 보수와 복지를 직원들에게 제공하려고 노력했다. 그것은 일찍부터 사업의 성공이 나 자신만의 능력이 아니라 직원들에게 달려 있다는 걸 깨달았기 때문이었다.

직원을 웃게 하는 회사가 성공한다

나는 회사를 경영하는 동안 최대한 현장에 나가려 노력했다. 책상 앞에서 서류만 들여다보아서는 결코 파악할 수 없는 문제들을 현장에서는 그때그때 정확히 파악할 수 있기 때문이다.

예를 들어 전라남도 여천에 폴리염화비닐(PVC, polyvinyl chloride) 제품을 생산하는 L기업이 있었는데, 우리 회사가 화물선이 부두에 입항하면 L기업 공장까지 화물차로 원료를 수송해야 했다. 문제는 화물선 안에 적재된 염화비닐의 양이 엄청나 하역하는 시간만 일주일 이상이 소요됐고, 화물선의 정박료를 절감하기 위해서는 운전기사들을 2교대, 3교대 시키면서 밤낮으로 실어 나르게 하는 수밖에 없었다는 것이다.

이처럼 화물차를 운전하는 기사들은 장시간의 노동에 시달리는 경우가 많다. 그만큼 스트레스를 많이 받는 직업이고, 따라서 화물차

운전기사들의 불만을 잘 달래며 빠른 시간 안에 화물을 수송하는 게 운송업에서는 무척 중요한 일이었다. 자칫 불만이 쌓인 기사들이 연대해 운송을 지연시키면, 그 손해는 고스란히 회사에 돌아오기 때문이다.

당시 현장에 내려가 보니 계속되는 철야에 기사들의 불만이 팽배해 있었다. 본사에서는 미처 파악하지 못한 일이었다. 현장 직원들은 웬만하면 현장에서 벌어지는 문제를 경영자에게 보고하기를 꺼려하기 때문이다. 자체적으로 해결하지 못하면 그만큼 자신들의 업무 역량이 떨어진다고 경영자가 판단할까 걱정하는 것이다. 그러나 현장에서 파악한 바로는 담당 직원들의 업무 역량을 이미 넘어선 상황이었다.

기사들의 불만을 어떻게 달랠 수 있을까 고민하던 중 나는 가장 기본적인 것부터 대우해주자고 생각했다. 그리고 곧장 L기업 인근의 맛집으로 소문난 식당으로 달려가 앞으로 (주)동특 소속 화물 기사들이 찾아오면 인삼과 각종 약재를 넣어 끓인 삼계탕을 무조건 내주라고 부탁했다. 장시간의 운전에 금세 허기를 느끼는 운전기사들의 체력을 위해서였다. 그러자 식당 주인이 나를 이상한 사람 보듯 쳐다보며 물었다.

"거참, 내 살다 살다 사장님 같은 분은 처음 봅니다. 삼계탕 값이 한두 푼도 아니고, 그 많은 돈을 써도 괜찮으시겠습니까?"

월급에다가 수당까지 주는데 이렇게까지 하는 경영자가 세상에 어디 있냐는 뜻이었다. 하지만 다른 사람도 아니고 내 회사의 직원이 먹는 건데 아까울 게 뭐가 있을까?

생존을 위한 가장 기본적인 욕구 중 하나가 먹는 욕구이다. 금강산도 식후경이라는 말처럼 허기가 채워지지 않은 상태에서는 어떤 일을 하더라도 능률이 떨어지기 마련이다.

결과적으로 나의 마음은 운전기사들에게 고스란히 전달되었다. 기사들 사이에서 팽배해졌던 불만이 수그러들었고, L기업과 약속했던 일주일 안에 사고 없이 작업을 끝낼 수 있었던 것이다. 기사들은 삼계탕을 먹으면서 배만 채운 것이 아니라, 정당한 대우를 받고 있다는 만족감을 느꼈던 것이다. 만약에 돈 좀 아끼겠다고 그들의 빈속을 모른 척하고 대충 빵과 우유로 때우게 했다면 하역 작업은 제시간에 끝내지 못했을 것이다.

직원들을 만족시킬 수 있는 회사만이 크게 성장할 수 있다. 사업에서의 성공은 경영자의 능력만으로는 불가능하다. 회사의 직원들은 기계의 부품이 아니라 동료이자 가족이라는 걸 잊지 마라. 따라서 직원들이 가장 필요로 하는 것이 무엇인지 면밀히 살펴야한다. 직원이 성장해야 회사가 성장한다는 걸 명심해라.

적절한 휴식을 취해라

번아웃증후군(burn-out syndrome), 일에 몰두하던 사람이 마치 에너지가 방전된 기계처럼, 갑자기 무기력해지는 증상을 뜻하는 심리학 용어다.

알다시피 한국은 OECD 국가 중에서 1~2위를 다툴 만큼 긴 노동시간을 자랑한다. 즉 번아웃증후군이 나타나기 쉬운 노동환경인 것이다. 실제로 주위를 둘러보면 강도 높은 노동환경으로 피로감을 보이는 직장인들이 갈수록 늘어나고 있다. 치열한 경쟁사회에서 살아남기 위한 어쩔 수 없는 몸부림이라고 해도 안타까운 것은 어쩔 수 없다.

문제는 강도 높은 노동이 아니다. 그만큼의 충분한 휴식이 보장되어야 한다는 것이다. 건강한 몸을 만들기 위해 트레이닝을 해 본 사람은 안다. 트레이닝에 의해 소모된 체력은 충분한 휴식과 영양 보충이 있어야 회복된다는 것을 말이다. 이런 과정을 반복하면서 몸은 점점 더 건강해지는 것이다.

일도 마찬가지다. 강도 높게 일을 했으면, 반드시 휴식을 취해야 한다. 그래야 다시 더 힘을 내 일을 할 수 있다. 공부 잘하는 학생들은 놀기도 잘한다는 말처럼, 일할 때도 열심히, 놀 때도 열심히 노는 사람이 성공의 길에 가까이 있다고 생각한다.

이런 점을 일찍부터 깨달은 나는 회사에 주 5일제 근무를 도입했다. 대한민국에 주 5일제 근무가 도입된 것이 1990년대 중반이었지만, 나는 그보다 10여 년을 앞서 실시한 셈이었다.

처음에는 적지 않은 반대에 부딪쳤다. 임원들은 월급도 삭감하지 않고 직원들을 쉬게 한다면서, 직원에게 선심 쓰듯 경영하면 회사가 어렵게 될 것이라며 야단이었다. 우스운 것은 임원들이야 충분히 그렇게 말할 수 있을 텐데, 습관이란 게 얼마나 무서운지 직원들도 처음 몇 개월은 적응을 못하고 토요일에 나와서 일을 했다는 것이다. 그럴 때마다 나는 호통을 쳤다.

"쉬는 날 뭐하러 나와? 영어 학원을 가든지 아니면 집에서 푹 쉬어. 주말은 온전히 자신만을 위해 쓰라고!"

휴식은 인간의 지속적 활동을 가능케 하는 필수적인 요소이다. 휴식 없이 일을 하면 단기적으로는 좀 더 많은 성과를 낼 수 있다. 하지만 휴식 없이 조화로운 삶을 유지하기는 어렵다. 적당한 휴식은 자신의 일에 최선을 다하도록 만드는 원동력이 된다. 실제로 젊은 인재들이 모여 있는 IT 업계를 보라. 얼마나 많은 휴식을 보장하고 있는지. 휴식이 업무 능률을 더욱 높여준다는 사실을 잊지 말아야 한다.

지금 꿈을 위해 열심히 노력하고 있는가? 그렇다면 노력한 만큼 반드시 제대로 휴식을 취해라. 휴식 없는 노력은 실패를 앞당길 수도 있다는 걸 명심해라.

강한 카리스마를 갖춰라

회사를 경영하면서 가장 힘든 점을 꼽으라면, 많은 경영자들이 주저하지 않고 인사 관리를 이야기할 것이다. 각양각색의 개성을 가진 직원들을 하나의 방향을 향해 이끌고 나가는 것은 겪어보지 않은 사람은 상상하기 힘들 만큼 어렵다. 실제로 어떻게 직원 관리를 하느냐에 따라 회사는 흥하기도 하고 망하기도 한다.

회사가 크게 성장해갈 무렵, 최고 경영자였던 내 나이는 불과 30대 중반이었고 대부분의 임원들은 50~60대였다. 일반적인 상황이라면 임원들에게 내 말은 씨도 안 먹힐 상황이었다. 그럼에도 나는 나이 많은 임원들과 함께 사업을 잘 이끌어갈 수 있었다. 그것은 사람들이 인정하는 나만의 카리스마를 발휘했기 때문이다.

어떤 사람은 카리스마라는 단어에서 마초나 독재의 부정적인 느낌을 받을지 모르겠다. 그러나 경영자에게 카리스마는 반드시 필요한 덕목이다. 기업이라는 배를 이끌고 항해하는 선장에게 카리스마가 없다면 어떻게 되겠는가? 배가 산으로 갈 수밖에 없다.

나이는 어릴지언정 나는 사업에 있어서는 누구에게도 자리를 양보하고 싶은 생각이 없었다. 무슨 일이든 임원보다 많이 알지 못하면, 더 많이 알 때까지 공부했다. 이런 독기와 자신감 등이 어우러져 강력한 카리스마를 키워 온 것이다. 특히 카리스마는 본인이 노력한다고 발휘되는 것이 아니라 주위사람에 의해 발견되는 것이다. 즉 내면에 쌓인 내공이 자연스럽게 외적으로 표현이 되는 것이다. 경영자가 노력을 거듭해야 하는 이유가 여기에 있다. 경영자가 카리스마를 발휘할 수 있다면 그 기업의 인사 관리는 한결 수월해질 수밖에 없다.

그렇다고 매번 강력한 카리스마만 발산한다면 그 기업은 수직적 관계가 형성되어 조직이 경직되고 만다. 따라서 상황에 따라 강한 카리스마적 리더십과 부드러운 감성적 리더십을 발휘해야 한다. 그리고 그 가장 밑바탕에는 직원들은 나와 함께 회사 발전을 위해 노력하는 동반자적 관계라는 동지의식이 있어야 한다.

믿음과 신뢰로 직원을 경영하라

성공적인 인사 관리를 위한 가장 중요한 필요조건 중 마지막은 믿음과 신뢰를 들 수 있다. 인간관계에서 '신뢰'는 절대적인데, 이는 경영에서도 마찬가지다. 직원들에게 신뢰를 주지 못하는 회사는 절대 오래갈 수 없다. 나 역시 직장 생활을 경험했기에 회사를 처음 설립할 때부터 다짐한 바가 있었다.

"직원들이 내 회사에 다녔다는 걸 평생 자랑스럽게 여길 수 있도록 만들자!"

내가 업계 평균보다 임금과 복지 등에 많이 투자한 것은 이러한 다짐 때문이었다. 수십 년의 사업 기간 내내, 심지어는 외환위기 때도 나는 월급날을 어긴 적이 단 한 번도 없었다. 경영자에게 월급 날짜를 맞추는 일이 얼마나 힘든 일인지 경험해보지 않은 사람은 알지 못할 것이다.

또한 나는 성실하게 근무하는 직원은 큰 문제가 없는 한 능력이 다소 부족하더라도 정년을 보장해주었다. 이런 내 마음이 전해졌는지, 실제로 우리 직원들은 다른 회사의 직원들보다 능동적으로 회사 발전을 위해 많은 노력을 쏟았다.

요즘 많은 기업들을 보면 철저히 능력에 따른 인사를 단행한다. 치열한 경쟁에서 살아남고자 하는 고육지책임을 잘 알지만, 능력만 강조하다 보면 그 조직은 구성원들 간에 인간미가 없는 딱딱한 조직이 될 가능성이 높다는 것도 명심해야 한다. 무엇보다 인사 관리에는 능력과 함께 인간적인 면도 함께 반영해야 하는 것이다. 그렇게 되면 직장에 대한 신뢰가 생기게 되고, 회사가 어려워지더라도 합심해서 극복하는 직장 문화가 생성된다.

또한 경영자라면 내 것을 챙기기에 앞서 먼저 나눠주는 마음을 가져야 한다. 대부분의 사람들은 다가올 미래에 대해 두려움을 갖고 있다. 그렇기 때문에 나 아닌 누군가를 챙겨준다는 마음을 갖기가 어렵다. 이때 내가 먼저 심적으로나 물질적으로 무언가를 진정으로 나눈다면, 그 진심이 상대에게 전해져 상호 진실한 관계로 맺어질 수 있다. 이렇게 맺은 관계는 서로에게 도움이 되었으면 되었지 손해가 될 일은 결코 없다.

모든 직원들이 믿고 따르는 유능한 경영자가 되고 싶은가? 그렇다면 당신이 가장 먼저 할 일은 당신이 가진 것을 상대방에게 나누어주는 것이다. 그러면 상대방은 그 보답으로 신뢰와 존경을 당신에게 나누어줄 것이다.

캔자스 주립대학교 경영학과의 토마스 라이트 박사팀이 '근로자의 직업만족도가 회사의 실적에 미치는 영향'을 조사한 적이 있다. 조사 결과 행복하다고 느끼는 근로자가 많은 직장은 그렇지 않은 직장보다 10~20퍼센트 생산성이 높고 이직률도 매우 낮은 것으로 나타났다고 한다.

요즘은 세계적인 불황으로 경기가 좋지 않다. 하지만 이런 때일수록 직원들의 만족도가 높은 회사가 불황을 이겨낼 가능성이 높다. 직원들의 만족도가 높은 회사는 긍정적인 생각으로 불황을 극복하기 위해 서로 협력하고, 이는 생산성 향상으로 이어지기 때문이다. 반면 만족도가 높지 않은 회사의 직원들은 불황이 닥치면 이직할 생각부터 하게 된다. 협력과 극복보다는 경영진에 대한 불신과 실패에 관심이 기울기 때문이다. 실패에 관심을 쏟는 분위기는 결국 실패를 낳기 마련이다.

회사가 성공하길 바란다면, 직원들이 만족하고 소속감을 느낄
수 있는 환경을 조성하라. 직원들의 경제적, 심리적 만족감을 충
족시켜주지 못한다면, 회사의 성장은 한계에 부딪히고 말 것이다.
가화만사성(家和萬事成)이라고 했다. 회사는 또 하나의 가정이다.
경영자는 그 집의 가장이다. 넘치면 덜어주고, 부족하면 채워주
고, 뒤처지면 이끌어주는 배려와 이해심이 경영자에게 필요한 이
유다.

나 자신에게
아낌없이 투자하라

세상에서 가장 힘들고 어려운 투자가 무엇일까? 잘하면 대박, 못하면 쪽박이라는 선물옵션 시장일까? 환 투자? 금 투자? 부동산 투자? 아니다. 바로 '자기 자신에 대한 투자'가 그것이다.

반대로, 어렵지만 투자하면 투자할수록 대박이 나는, 증시 현황판에 무조건 빨간색(상승)만 나타나는 투자가 있는 것은 아는가? 그것역시 '자기 자신에 대한 투자'다.

자기에 대한 투자는 곧 미래에 대한 투자다. 나의 미래가 어떤 모습으로 나타날지는 아무도 모른다. 미래는 남이 만들어주는 것이 아니다. 오직 스스로의 힘으로 만들어가야 한다. 그 힘을 키우기 위해서 자기에게 투자해야 하는 것이다.

개중에는 지금도 많은 시간과 돈을 들여 자신에게 투자하고 있는데, 이상하게도 투자만큼의 효과는 나지 않는다고 투널대는 이들이 있다. 왜 그럴까? 혹시 심리적인 위안을 삼기 위해 한 것은 아닐까 자문해보라. 뭐라도 하지 않으면 남들에게 뒤처질 것 같은 불안감 말이다. 만약 그런 이유로 투자를 한다면 원하는 결과가 나올 수 없다.

현재의 나보다 나은 미래의 나를 만들기 위한 투자를 해야 한다. 이러한 분명한 목적에서 내가 가진 시간과 비용을 정확하게 파악하고 그것을 배분해 적절하게 투자하는 것이다.

자신의 장단점을 정확히 파악하라

자기 자신에게 투자하기 전에 먼저 '나'에 대해 정확히 파악해야 한다. 어떤 일을 하건 내 능력이 어느 정도인지 알고 시작해야 승산이 있기 때문이다.

올림픽 역도선수들의 경기 장면을 떠올려보라. 코치는 선수의 능력을 객관적으로 파악하고 있기 때문에 치밀하게 무게를 조절하며 승부를 펼친다. 그런데 처음부터 무리하게 바벨의 무게를 올리는 선수들이 간혹 있다. 그러나 그것은 용기가 아니라 만용일 뿐이다. 이기겠다는 욕심에 무리수를 두는 것인데, 알다시피 대부분의 선수들이 바벨을 제대로 올리지도 못하고 나자빠진다.

중요한 것은 주관적 분석이 아닌 철저한 객관적 분석이다. 내가 아닌 제3자를 보듯 냉철하게 평가하는 것이다. 따라서 주변의 평가를 참조하는 것도 좋은 방법이다. 타인의 의견에 귀를 기울이면, 내가 미처 모르고 있던 나만의 장단점을 알게 될 가능성이 높다.

단점이 아닌 장점에 투자하라

대부분의 사람들은 자신이 가장 부족한 것에 투자를 한다. 단점을 장점으로 바꾸고 싶은 욕망 때문이다. 느리지만 조금씩 나아지는 자신을 발견하고 좋아하는 것이다.

그러나 부족한 단점에 투자하는 것은 좋은 투자 방법이 아니다. 이 것은 마치 음치인 사람이 성악가가 되겠다고 노력하는 꼴밖에 되지 않는다. 가장 좋은 투자 방법은 나만의 재능, 나만의 장점을 찾아 투자하는 것이다.

하루 종일 해도 싫증나지 않는 일, 하면 할수록 즐거운 일, 나만 그렇게 생각하는 게 아니라 남들도 잘한다고 칭찬하는 일이 있는가? 만약 있다면 그게 바로 당신의 재능이다. 나만이 가진 재능에 투자해야 가장 큰 성과를 낼 수 있고, 발전 속도도 빠르다. 가시적인 성과를 확인할 수 있으니 더불어 자신감도 커진다. 또한 가치와 이익을 극대화시킬 수 있고, 지속적인 변화에 대한 적응 능력도 생긴다.

좋아하는 음식을 먹어야 피가 되고 살이 된다. 체질에 맞지도 않는 음식을 먹으면 몸만 상할 뿐이다. 자기에 대한 투자도 마찬가지다. 재능에 투자하는 사람과 그렇지 않은 사람과의 차이는 매우 크다. 당신은 오늘도 뒤처진다는 불안감 때문에, 남들이 다 하니까, 부모님이 시키니까 마지못해 투자하고 있지는 않은가? 그렇다면 그것은 투자가 아니라 시간과 돈을 낭비하는 것에 불과하다. 아무리 뛰어난 천재라도 하기 싫은 것을 억지로 하면 둔재의 업적밖에 이루지 못한다는 것을 명심하자.

무엇보다 투자를 거창하게 생각할 필요는 없다. 운동을 하든, 책을 읽든, 여행을 가든, 좋은 사람들과 대화를 하든, 강의를 듣든, 피부 관리를 하든, 봉사활동을 하든 발전을 위한 시간을 갖는 것 모두가 투자의 한 방법이다.

투자는 당장은 아니더라도 장기적으로 이익이 되어 돌아온다는 것을 명심해라. 오늘 성공했다고 만족하지 말고 끊임없이 자신에게 투자해라. 스스로를 위한 투자에 인색한 자에겐 과거와 현재만 존재할 뿐, 미래는 없다는 것을 기억해라.

나와 주기적으로 만나라

오늘날 세계의 변화 속도는 엄청나다. 잠깐 한눈을 팔기라도 하면 변화의 속도를 따라가지 못할 정도다. 촉각을 곤두세우고 변화에 대처하느라 정신이 없는데, 그만큼 현대인들이 받는 스트레스는 갈수록 커지고 있다. 결국 누릴 수 있는 여유라고 해봤자 식사 후에 커피 한 잔 마시며 이야기를 나누거나 출퇴근 시간이나 늦은 저녁에 갖는 잠깐의 휴식시간이 전부다. 퇴근 후에는 동료나 친구를 만나기도 한다. 그러면 한잔 술이 빠질 수 없다. 불금에는 새벽까지 부어라 마셔라 즐겁게 놀아야 한다. 결국 토요일에는 숙취로 늦잠을 자고, 일요일엔 마지못해 가족들과 쇼핑하거나 외식을 한다. 이렇게 일주일이 끝나면, 월요병에 잠시 시달리다가 다시 일주일이 똑같이 반복된다. 뭔가 아쉽다는 생각이 들지 않는가? 미안한 얘기지만 이렇게 하루하루를 반복하면 아무런 발전이 없다.

우선 내 재능에 대한 투자에 앞서 몸과 마음에 여유를 주자. 가장 좋은 방법은 최소한 일주일에 한 번은 자신과 이야기하는 시간을 갖는 것이다. 누군가는 이렇게 말할 것이다.

"모든 것을 쏟아 부어도 성공이 불확실한 마당에 마음의 여유를 가지고 살라니, 말도 안 되는 소리 마세요."

"경제적인 여유가 있어야 마음의 여유도 생기는 거 아닙니까?"

얼핏 들으면 틀린 말이 아니다. 하지만 하나만 알고 둘은 모르고 하는 소리다. 그것은 내가 삶을 지배하는 게 아니라, 외적인 요인에 의해 삶을 지배받는 것과 다름없다. 앞서 '시간을 장악하는 사람'이 성공한다고 강조한 바 있다. 마음의 여유를 갖는다는 것은 시간을 장악한다는 뜻과 일맥상통한다. 시간을 사유자새로 사용할 수 있어야 마음의 여유도 생기니 말이다.

내가 추천하는 방법은 아주 간단하다. 바로 산책을 하는 것이다. 책상 앞에 앉아 있을 때, 땀을 흘리며 달릴 때, 아니면 천천히 산책할 때 중에서 가장 창의적일 때는 언제라고 생각하는가?

2014년 미국 스탠포드 대학교에서 창의적 사고에 관해 연구한 결과에 따르면, 참가자들의 81퍼센트가 산책할 때 창의성이 증가된 것으로 보고되었다. 스티브 잡스, 찰스 디킨스, 괴테, 베토벤 등 창의적인 아이디어로 엄청난 업적을 이루어낸 위인들의 공통점 중 하나 역시 바로 산책을 좋아했다는 것이다.

나는 일주일에 한 번은 아무리 바쁘더라도 일부러 시간을 내어 내가 좋아하는 일을 한다. 독서나 음악 감상도 즐기지만, 특히 좋아하는 건 산책이다. 일상의 잡념을 지우고 걷고 있노라면 몸 안의 나쁜 기운이 빠져나간다. 그리고 빠져나간 자리로 자연의 좋은 기운이 들어오는 것을 느낀다. 행복해하는 나와의 만남은 늘 즐겁다. 그 시간을 통해 앞으로 달릴 수 있는 힘이 생긴다. 또 생각의 깊이도 더욱 깊어진다.

여유는 누가 만들어주는 것이 아니다. 스스로 만드는 것이다. 일주일에 한 번은 가장 하고 싶은 것을 해라. 원하는 일을 함으로써 행복해하는 자신과 만나야 한다.

음악을 들으며 커피를 마시는 게 좋다면 그렇게 하고, 봉사하는 걸 좋아하면 그렇게 하면 되는 것이다. 거창하게 생각할 필요 없다. 아주 사소한 것이라도 자신이 즐거워하는 것을 하면 된다. 일주일동안 열심히 살아온 자신에게 하루라도 행복해지는 '나와의 만남'이라는 상을 줘라. 그 무엇보다도 큰 쉼이 되고 충전이 될 것이다.

평생 공부하라

공부라는 단어를 살펴보면 무척 흥미롭다. 공부의 한자어인 '工夫'는 말 그대로 '일하는 사내'를 뜻한다. 영어의 의미는 또 어떤가? 학습, 연구 등을 뜻하는 'study', 'learning'도 공부지만, 우리가 보통 직장, 일하다는 뜻으로 쓰는 'work'에도 공부라는 뜻이 포함되어 있다. 즉 공부라는 단어에는 '일'이라는 뜻이 동서양을 막론하고 포함되어 있는 것이다.

내게 공부란 '지름길 찾기'와 같은 의미이다. 인생은 고난의 연속이라는 말이 어울릴 만큼 수월하지 않다. 그래서 어떤 이는 목적지를 찾지 못해 길을 빙빙 돌기도 하고, 구렁텅이에 빠지거나 절벽 밑으로 떨어지기도 한다. 하지만 어떤 이는 뚜벅뚜벅 자신의 길을 걸어간다.

　여기에서 흥미로운 유형은 지름길을 찾는 사람들이다. 낭떠러지에 떨어지는 것도 아니고 한걸음씩 길을 걷는 것도 아니고, 지름길을 찾아 한결 수월하게 걸어가는 사람들 말이다. 문제는 지름길을 누구나 찾을 수는 없다는 것이다. 그렇다면 그들은 어떻게 지름길을 찾았을까? 숲에 가려진 길을 찾는 안목, 바로 세상을 제대로 바라볼 줄 아는 눈이 있었기 때문이다. 이러한 안목은 바로 '공부'에서 나온다.

　하루하루가 전쟁인 직장인들은 자신에게 투자할 시간이 부족할 수밖에 없다. 아무리 체력적으로 왕성한 시기라 할지라도, 하루 종일 업무에 시달리다 보면 집에 가서 쉬고 싶은 마음뿐이다. 나도 20대를 회사원으로 일해 봤기에 그 마음을 충분히 알고 있다.

　내가 회사원이었을 때만 해도 일주일에 6일을 일해야 했다. 야근을 하는 날이 하지 않는 날보다 많았고, 개인시간을 낸다는 건 말 그대로 언감생심이었다. 토요일 오전 근무를 마치고 친구들을 만나 술이라도 한잔 하면, 일요일에는 주중의 피로를 풀기 위해 오후 늦도록 잠을 잤다. 다음날이면 피곤한 몸을 이끌고 다시 출근해야 했다. 그렇게 지내던 어느 날, 문득 '한걸음 더 앞으로 나아가기 위해서는 이렇게 무의미하게 하루하루를 보낼 수 없다!'는 생각이 들었다.

　내가 찾아낸 방법은 일요일을 적극적으로 활용하는 것이었다. 이후 일요일에는 오직 내가 가장 관심 있는 분야인 회사 경영에 대해

서만 공부했다. 남들 다 쉬는 일요일에 하는 공부였지만, 언젠간 커다란 열매를 맺으리라 나는 믿었다. 결국 그런 시간들이 모여 첫 사업부터 성공의 길을 열어주었다. 그래서 '투자란 곧 미래의 힘'이라고 앞서 말한 것이다.

당신은 지금 꿈을 꾸고 있는가? 혹시 이불 속에 누워 몽상을 하고 있으면서 꿈을 꾸고 있다고 착각하는 것은 아닌가?

꿈을 꾸려면 공부해야 한다. 자신이 무엇을 잘하고, 무엇에 관심이 있는지, 무엇에 서툰지를 공부해서 찾아내라. 이러한 자각(自覺)은 공부의 힘에서 나온다.

학창 시절의 공부만으로는 결코 인생의 지름길을 찾을 수 없다. 오히려 진정한 공부는 학교를 졸업한 뒤부터 시작된다. 부단히 공부해라. 시간이 날 때마다 서점이나 도서관을 찾아 책과 대화를 나눠라. 책 속에 길이 있다. 그것도 지름길 말이다.

상대가 누구든
나와 동등한 위치에 세워라

젊은이들에게 큰 영감을 주는 기업가 중 일본 최고의 부자이자 제일교포 3세인 소프트뱅크의 손정의 회장을 빼놓을 수는 없을 것이다. 나 역시 비슷한 연배인 손정의 회장의 일화를 보며 "이 사람 진짜 멋진 사업가로구나!" 하고 감탄한 적이 많다. 무일푼으로 미국 유학길에 올라 처음 치른 학교 시험에서 "나는 일본에서 왔으니 영일사전을 쓰게 해 달라. 어차피 영어 테스트가 목적이 아니지 않은가?"라고 거침없이 주장해 목적을 이루었던 당당함에 탄성이 절로 나온다. 버클리대학교에 들어가서 아이디어 하나만을 갖고 교수를 찾아가 "나한테 괜찮은 사업 아이템이 있다. 그런데 나는 돈도 없고 개발할 팀도 없다. 그러니 교수님이 팀을 모아 제품을 만들어 달라. 성공하면 바로 정산해주겠다. 어떤가?" 하고 제안해 실제로 첫 사업을 시작한 그의 배짱에 찬사를 아끼지 않을 수 없다.

손정의 회장의 일화를 읽으며 나는 그가 세계적인 기업을 일굴 수 있었던 한 가지 귀한 가치를 파악할 수 있었다. 그것은 바로 당당함이었다! 손정의 회장은 작은 체구이지만 배포만큼은 세계의 어떤 거인에게도 뒤지지 않을 정도로 크고 단단했던 것이다.

우리 주위를 둘러보면 상대방에게 먼저 고개부터 숙이고 들어가는 이들이 너무나 많다. 자신의 이익을 위해 시도 때도 없이 허리부터 굽히고 머리를 조아리는 것이다.

사람들은 왜 처음부터 '지고 들어가는 행위'를 반복하는 건가? 그것은 상대를 나보다 높은 위치에 두기 때문이다. 외적인 위치가 아니라 심적인 위치에서 말이다. 문제는 이렇게 되면 힘의 균형(의지, 신념, 발언, 행동, 결정 등)에서 균열이 생길 수밖에 없다.

상대가 마음속에서 나보다 높은 위치에 있다면, 그것은 이미 그의 뜻에 따르겠다고 결정한 것이나 다름없다. 상명하복(上命下服)이 될 수밖에 없는 것이다. 문제는 이런 상태로는 올바른 소통이 이루어질 수 없다는 점이다. 함께 성과를 내더라도 '내'가 없고 '상대'만 있다. 나란 존재는 이미 상대의 그늘 아래에 가려졌기 때문이다. 청춘이 그래야 할 필요가 있는가. 능동적인 삶은 청춘의 특권이다. 꿈을 이루기 위해서는 세상에 당당히 맞서야 한다. 내 안의 '나'를 키워 상대가 누가 되더라도 동등한 위치에서 이야기해야 한다.

나 역시 사업을 하는 동안 아무리 대단한 상대를 만나더라도 결코 작아지지 않고, 오히려 그들의 지위에 맞춰 내 배포를 키우려 노력했다. 예를 들어 중국 석유주임이나 영국 BP사의 아시아 담당 사장을 만났을 때도 나는 거리낌 없이 내 주장을 펼쳤다. 사실 내 입장에서는 원하는 것을 얻기 위해서 간이나 쓸개라도 그들에게 내놓아야 할 상황이었다. 하지만 나는 오히려 '당신에게 사업계획을 설명하려고 만났을 뿐'이라는 생각을 그들에게 심어주기 위해 노력했다. 내가 간청하고 부탁하는 사람이 아니라 당신들과 동등한 파트너로서 이야기하고 있다는 것을 그들의 머릿속에 심어주기 위해서 말이다.

생각해보라. 당신은 당신에게 무조건 고개를 조아리고 예스만 남발하는 사람을 좋아하는가? 아니면 때로는 다퉈도 동등한 입장에서 대화를 나눌 수 있는 사람을 좋아하는가? 대부분 자기주장을 자신 있고 명확하게 펼치는 사람을 좋아하기 마련이다.

이런 내 당당한 행동은 어려운 미팅에서 내 뜻대로 사업을 관철시킬 수 있는 큰 힘이 되었다. 만약에 그들을 마음속으로 내 위에 두었더라면, 나는 그들의 불합리한 조건을 수용해야만 했을 것이다. 그랬다면 설령 계약서에 사인을 하고서도 두고두고 후회를 했을지도 모른다.

인생이라는 링 위에서 당신의 역량을 마음껏 펼쳐보고 싶은가? 강펀치에 맞아 링 위에 드러눕더라도 원 없이 싸워보고 싶지 않은가? 그렇다면 누구를 만나든 상대를 나와 동등한 입장에서 바라보라. 마치 링 반대편의 상대방을 대하듯이 말이다.

상대를 나보다 높은 위치에 두고 대한다면, 이미 당신은 절반은 지고 들어가는 셈이다. 유명인 앞에 줄을 서서 사인을 기다리는 팬처럼 말이다. 아무리 '상대가 높은 자리에 있더라도 나와 동등한 사람일 뿐'이라는 생각을 항상 머리에 새겨 넣어라. 그래야 힘의 균형이 생긴다.

사회에 대한
책임의식을 가져라

　1889년 철강왕 앤드류 카네기는 자수성가한 부자의 사회적 책임
을 천명한 〈부의 복음(The Gospel of Wealth)〉을 발표하고, 자신의 재
산을 공익을 위해 재분배했다. 2000년 마이크로소프트의 빌 게이츠
는 아내인 멜린다 게이츠와 '빌 앤 멜린다 게이츠 재단'을 설립해 아
프리카 등 빈민국의 교육, 보건, 빈곤 구제에 집중하고 있다. 그리고
얼마 전 첫딸을 낳은 페이스북의 경영자 마크 저커버그는 "딸이 우
리보다 더 나은 세상에서 살기를 바란다"며 자신이 소유한 페이스북
주식의 99퍼센트, 우리 돈으로 약 50조 원을 기부할 것을 발표해 세

상을 깜짝 놀라게 했다.

세계적인 대부호 중에서 많은 이들이 오늘도 자신들이 이룬 부를 기부하고 있다. 이들은 왜 자신들이 어렵게 얻은 부를 세상과 함께 공유하려고 하는 걸까? 단지 많이 가진 자의 도덕적 의무감 때문일까? 결코 아니다. 그들은 미래 세대를 위한 최고의 합리적인 투자가 '기부'라고 판단하기 때문이다.

오늘날 몇몇 국가를 제외한 전 세계 대다수 국가가 자본주의 시스템을 채택하고 있다. 그만큼 자본주의 시스템은 다른 사회체제보다 월등하다고 판명이 났다. 그러나 자본주의 시스템이 품고 있는 맹점이 갈수록 커지고 있는 것 또한 사실이다. 바로 '부의 쏠림현상'이 그것이다. 실제로 세계는 갈수록 불균형해지고 있다. 전 세계 1퍼센트의 부자가 99퍼센트의 부를 가지고 있는 게 현실이다.

일부 사람들은 이런 부의 불균형이 결국 미래의 지구를 파괴할 가장 큰 재앙이라고 생각한다. 실제로 가난한 사람들이 많아질수록 소비가 줄어들고, 소비가 일어나지 않으면 기업은 망하게 된다. 물은 흘러야 썩지 않듯이 돈이 돌아야 사회가 유지되는 것이다. 다시 말해 일부에 급격히 쏠린 부를 다시 나누는 것은 미래 세계를 위한 최선의 합리적인 투자라고 할 수 있다.

◆ ◇ ◆ ◇

　오늘날 기업을 경영하는 경영자들에게는 '기업의 사회적 책임'을 뜻하는 CSR(corporate social responsibility)이 중요시되고 있다. 기업이 벌어들인 수익의 일부를 다시 사회에 환원함으로써 사회 발전에 기여해야 할 의무가 강조되고 있는 것이다.

　CSR 활동은 기업의 지속가능한 성장을 위한 필수요소로 여겨지고 있는데, 코카콜라가 세계야생동물기금과 함께 북극곰 보호기금 마련에 앞장서는 것도 이러한 활동의 일환이다. 마이크로소프트 역시 2003년부터 전 세계에서 IT 환경이 열악한 국가를 대상으로 교육프로그램을 실시하고 있다. 국내에서 CSR 활동을 왕성히 하고 있는 대표적 기업으로는 유한 킴벌리를 꼽을 수 있다. 유한 킴벌리는 비교적 이른 시기인 1984년부터 '우리강산 푸르게 푸르게'라는 캠페인을 전개하며 숲을 가꾸는 일에 매진하고 있다. 또한 해외(북한, 몽골 등)에서도 1,800만 여 그루의 나무를 심어 숲 복원에 이바지하고 있다. 최근에는 국내외의 수많은 기업들이 저마다 적든 많든 사회적 책임을 다하기 위해 노력하고 있다. 그것이 장기적인 관점에서 지속가능한 성장을 위한 밑거름이라는 걸 깨달았기 때문이다.

　내가 특수물류 운송업에 첫발을 내딛어 성공하게 된 것도 따지고 보면 기업의 사회적 책임에 합치되는 사업을 했기 때문일 것이다. 당시는 기업이 사회적인 책임을 져야 한다는 인식조차 거의 없던 때였다. 단순히 돈을 많이 벌고, 사업을 확장시키면 최고였던 시절이었다. 그러나 나는 이왕 돈을 번다면 남들에게 손가락질 받는 일이 아니라 존경받는 일을 통해서 벌고 싶었다. 사회의 발전을 위해 기여할 수 있는 사업이라면 금상첨화라고, 내가 받은 것이 있으면 그만큼 되돌려 주어야 한다고 생각했다.

앞서 밝힌 대로 내가 특수화물 운송업을 시작하면서 드럼통, 마대자루, 비료포대는 대한민국에서 점점 자취를 감추었다. 나라 곳곳을 오염시키고 국민 건강에 해악을 주던 폐기물들의 재사용이 줄어든 것이다. 국민 건강에 크게 일조했다는 점에서 자부심을 느끼지 않을 수 없는 일이다.

기업은 본래 이윤을 극대화하는 것이 목적인데 사회적 책임을 꼭 생각해야 하냐고 묻는 이들도 있다. 하지만 정치인이 유권자의 표를 먹고 성장하는 것처럼, 기업도 소비자를 기반으로 성장한다는 걸 기억해야 한다. 기업의 이윤은 경영자와 직원들뿐만 아니라 사회에 되돌아가야 하는 것이 당연하다.

기업은 소비자가 있기에 돈을 버는 것이다. 그 돈으로 회사의 경영자, 임원, 직원들이 먹고살 수 있는 것이다. 따라서 받았으면 당연히 돌려줘야 한다. 그것이 바로 기업가의 올바른 정신이다.

기업이 소비자 위에 군림하던 시대는 지났다. 이제는 나눔이라는 화두가 기업들 앞에 놓여 있는 시대다.

앞으로는 나눔의 정신을 얼마나 잘 활용하느냐에 따라 기업의 명암이 엇갈릴 것이다. 소비자는 똑똑하다. 그리고 힘이 막강하다. 부도덕한 기업에만 불매운동을 벌이는 것이 아니다. 나눔에 인색한 기업도 그 명단에 들어가 있음을 늘 기억해라.

부자가 되고 싶다면
돈을 멀리해라

버진그룹의 회장 리처드 브랜슨에 대해 잠시 더 이야기를 나누어
보자. 소규모 우편 할인판매 사업으로 시작해 레코드 사업으로 큰 성
공을 거둔 그는 이후 기발한 아이디어를 무기로 수많은 영역을 넘나
들며 사업을 키워왔다. 그런 그가 최근 심혈을 기울이고 있는 사업이
바로 '민간 우주여행' 사업이다.

사람들은 리처드 브랜슨의 민간 우주여행 사업을 두고 미친 짓이
라며 비웃기 바빴다. 하지만 그가 설립한 우주항공사업체 버진갤럭
틱은 착실히 상업비행에 도전해 실제로 현재 20만 달러에 달하는 우

주관광 탑승권을 팔고 있다. 보도에 따르면 탑승권을 구입한 이들 중
에는 천재 물리학자 스티븐 호킹, 할리우드 스타 브래드 피트와 안젤
리나 졸리, 톰 행크스 등 수많은 유명인사가 포함되어 있다고 한다.
왜 이런 불확실성이 큰 사업에 뛰어드느냐는 질문에 브랜슨은 다음
과 같이 대답했다.

"1969년 텔레비전으로 지켜본 인간의 달 착륙 모습을 평생 잊지
못했습니다. 더 늦기 전에 제 꿈을 이루고 싶습니다."

여기에서 리처드 브랜슨의 사업철학을 짐작하게 된다. 그는 소위
말하는 부와 명예, 성공 같은 목적을 위해 사업을 하는 것이 결코 아
니다. 그는 난독증을 가진 고교 중퇴자에 불과했다. 사업가라면 누
구나 알아야 할 기본 소양인 재무제표조차 잘 읽지 못하는 경영자였
다. 그럼에도 항공, 미디어, 관광 등 6개 사업부문에 20여 개의 법인
을 가진 버진그룹을 경영하며 창조경영의 아이콘이 되었다. 브랜슨
이 전 세계 경영자들에게 영감을 주는 까닭은 그가 '자신의 꿈과 즐
거움'을 좇아서 '모두가 함께 꿈꾸는 즐거운 세상'을 만들기 위해 사
업을 하기 때문이었다. 돈이 아니라 자신이 꿈꾸며 좋아하는 것들을
하며 그것이 사업이 되게 하는 것이다.

"천재는 노력하는 사람을 이길 수 없고, 노력하는 사람은 즐기는
사람을 이길 수 없다."

전 세계 경영자 중에서 리처드 브랜슨보다 이 말에 더 적합한 경영

자가 또 있을까?

◆ ◇ ◆ ◇

한 가지 질문을 던져보자. 컴퓨터와 인간은 전혀 다른 사고 패턴을 가지고 있다고 생각하는가? 우문임에 틀림없다. 집에서 사용하는 개인용 컴퓨터나 기업연구소의 슈퍼컴퓨터나 연산능력의 차이만 있을 뿐 소프트웨어가 시키는 대로 움직인다는 점에서는 똑같다. 최근 양자컴퓨터가 본격 생산된다는 뉴스를 접했지만, 어쨌든 현재의 컴퓨터는 0과 1의 이진법으로 데이터를 처리하는 기계일 뿐이다. 반면 인간은 컴퓨터와 달리 복잡한 사고 패턴을 가지고 있다.

하지만 우문에 현답이라고, 나는 사람도 어느 부분에서는 컴퓨터와 마찬가지라고 생각한다. 한 개인이 어떤 생각 패턴(소프트웨어)을 갖고 있느냐에 따라 행동 양식이 결정되기 때문이다. 즉, 우리는 우리가 생각하는 대로 움직인다.

최근 삶의 1순위 가치를 돈에 두는 사람들이 늘어나고 있다. 미래가 불확실한 세상이니 어쩔 수 없는 일일지도 모른다. 돈이면 거의 모든 게 해결되는 세상이니 이해 못할 바도 아니다. 하지만 틀림없는 사실은 삶의 1순위 가치를 돈에 두고 살게 되면, 자신도 모르는 사이에 인간미를 잃게 된다는 것이다.

그렇게 되면 자신에게 이익이 되는 사람만을 만나고, 돈이 되는 일만을 하게 된다. 여유는 사라지고 욕심과 욕망으로 삶이 채워진다. 일이 마음대로 되지 않으면 불만이 쌓이고 분노가 커진다.

바라는 대로 많은 돈이 생기면 괜찮을까? 결코 아니다. 돈에 대한 탐욕은 끝이 없다. 돈에 만족이란 있을 수 없기 때문이다. 돈 말고 또 다른 가치를 향유할 줄 모르니 오직 돈만 추구하게 되는 것이다. 한 마디로 돈에 맛을 들이면 돈의 노예가 되는 건 시간문제이다.

물론 기본적인 삶을 영위할 수 있을 정도의 경제적 안정은 누구에게나 필요하다. 당장 가족이 아픈데 치료받을 돈이 없어 손을 놓고 있을 수밖에 없다면 얼마나 가슴 아프고 슬프겠는가. 내 말은 돈을 벌지 말라는 뜻이 아니다. 어느 정도 경제적 여유가 있음에도 오직 더 많은 부를 축적하기 위해 밤낮으로 쉼 없이 달리지는 말라는 것이다.

앞만 보고 달리는 동안 사랑하는 가족과 친구들은 당신 옆을 떠나간다. 돈만을 쫓는 당신의 삶에서 그들은 소외될 수밖에 없다. 당신이 목표로 세운 부를 축적하고 난 다음에 그들과의 관계를 다시 회복할 수 있을까? 아마 힘들 것이다. 이미 그들에게서 당신의 자리는 없어진 지 오래이기 때문이다.

알다시피 재벌이라는 사람들은 보통 사람들이 상상할 수 없을 만큼의 많은 돈을 갖고 있다. 나 역시 한때는 1조 원에 가까운 재산을 가져봤다. 지금은 많이 줄었지만, 그렇다고 아쉽다는 생각은 해본 적 없다. 내가 이렇게 말하면 "당신은 1조 원이라는 돈을 가져봤으니, 그런 말을 하는 거 아닙니까?"라고 반문할 수도 있을 것이다. 틀린 말은 아니다. 하지만 반대로 내가 직접 겪어봤기에 좀 더 잘 알고 있는 걸 수도 있다. 인생에 있어서 돈이 갖는 의미는 생각보다 크지 않다는 것, 돈으로 할 수 없는 일도 많다는 것, 돈으로 행복을 살 수 없다는 것 등을 직접 경험해봤으니 말이다.

세상이 아무리 돈 중심으로 흘러간다 해도, 물질이 주는 풍요는 정신의 풍요를 결코 뛰어넘을 수 없다. 물질적 충족으로 인한 행복감은 정신적 행복감보다 유통기한이 매우 짧다. 돈보다는 내가 간절히 바라고 좋아하는 것에 삶의 가치를 맞추고 사는 것이 중요하다. 돈은 단지 인생의 윤활유에 지나지 않음을 명심해라.

돌고 도는 게 돈이다. 지금 수중에 있다고 해서 영원히 자기 것이 되지도 않는다. 또 영원히 남의 것이라는 보장도 없다. 돈이란 그런 것이다.

05

다시 새로운
시작을 꿈꾸며

산동보고터미널

　사업가들은 때론 무모하리만큼 변화를 모색한다. 이는 타고난 사업가적 기질 때문이기도 하지만, 무엇보다 변화가 곧 생존이라는 것을 잘 알고 있기 때문이기도 하다.

　기업은 살아 있는 생물(生物)이다. 나무 묘목은 처음에는 작은 화분 속에서도 잘 자란다. 그러나 나무가 커갈수록 작은 화분은 울타리가 아니라 감옥이 된다. 더 이상 뿌리를 뻗지 못한 나무는 결국 고사되고 만다. 기업도 마찬가지다. 어느 정도 궤도에 오른 기업은 보다큰 환경 속으로 다시 나아가야 한다. 변화하지 않는 기업은 급변하는 사회 속에서 도태되기 때문이다.

촉망받는 기업으로 급부상했다가 몰락하는 기업들을 그동안 우리는 수없이 보아왔다. 여러 이유가 있겠지만, 변화에 부응하지 못했다는 것이 가장 큰 이유로 볼 수 있다. 만면에 성공한 기업이나 사람들을 보면 항상 새롭게 변화하려 노력한다. 실패를 두려워하지 않고 새로운 것에 도전했기에 성공할 수 있는 것이다.

나는 외환위기 속에서 재계 순위 25위 기업의 최고 경영자의 위치에 올랐다. 마침내 그토록 꿈꾸던 큰 기업가가 된 것이다. 문제는 꿈을 이룬 다음이었다. 꿈을 이룬 자들은 말한다. 목적지를 향한 여정이 끝난 뒤에 찾아오는 허탈함에 대해. 나 역시 그랬다. 수중에는 어마어마한 돈이 있었지만, 피부에 와 닿지는 않았다.

하루하루 시간이 흐를수록 마음 깊숙한 곳에서 무언가 새로운 꿈을 찾아 다시 시작하고 싶은 욕망이 차올랐다. 무엇보다 5,000만 달러를 투자받으면서 1대 주주 자리를 넘기고 2대 주주로 있는 내 자리가 마음에 들지 않았다. 어쩔 수 없는 상황이었지만, 내가 만든 회사의 주인이 이제 더 이상 내가 아니라는 생각이 머릿속을 떠나지 않았던 것이다. 또한 아무리 건실한 기업이라 하더라도 커다란 재앙 앞에서는 존립 자체가 위태로워지는 현실을 보며, 어떠한 위험 속에서도 무너지지 않을 회사를 다시 한 번 만들어내고 싶은 새로운 열망이 차올랐다.

결국 나는 보유하고 있던 회사 주식을 모두 처분하고, 다시 새로운 사업을 위해 전장에 뛰어들었다. 젊은 시절부터 꿈꾸었지만 특수화물 유통업에 매진하느라 잠시 보류해두었던 석유 관련 사업의 꿈을 위해 '코엔펙'을 창립한 것이다.

여기에서는 코엔펙을 창업한 뒤 나의 사업적 노하우와 열정을 모두 쏟아 부었던 '산동보고터미널'에 대한 이야기를 자세히 다룰 예정이다. 사업을 꿈꾸는 이들에게 사업이라는 것이 구체적으로 어떤 과정을 통해 이루어지는지 좋은 본보기가 될 거라는 생각에 사업의 구상부터 준비, 결말까지의 경험을 상세하게 이야기해 보고자 한다.

사업 준비(business preparation)

2000년 초반, 나는 무섭게 성장하는 중국 경제에 관련된 신문기사를 읽다가 일생일대의 사업을 구상하게 되었다. 그것은 바로 세계에서 가장 큰 '석유터미널'을 세우겠다는 계획이었다.

당시 중국은 본격적으로 세계 경제에 편입되어 엄청난 경제 성장을 시작하던 블루오션 시장이었다. 당연히 석유 소비의 급속한 증가가 예상되었는데, 미국에 이어 세계 2위의 석유소비국인 중국을 비롯해 3위인 일본, 6위인 한국이 모두 동북아시아에 몰려 있음에도 불구하고 대부분의 석유가 싱가포르에 있는 석유터미널을 통해서 공급되고 있었다.

　문제는 싱가포르에서 삼국에 석유를 수송하는 데 시간이 많이 소요된다는 것이었다. 한마디로 동북아시아를 커버하기에 싱가포르는 매우 불리한 위치였다. 따라서 싱가포르를 대체할 기지를 만들 수만 있다면 엄청난 수요를 창출할 게 분명했다.

　나는 세계지도를 펼쳐놓고 유조선이 쉽게 드나들며 석유를 운송할 수 있는 곳을 찾았고, 조사 끝에 중국 산동 반도를 지목했다. 산동은 '산동에서 닭이 울면 인천에서 그 울음소리가 들린다'고 할 만큼 한국에서도 가까운 곳이었다. 만약 이곳에 석유터미널이 세워진다면 사우디아라비아, 이라크, 리비아 등 중동 국가의 석유를 가져와 중국, 한국, 일본뿐만 아니라 러시아와 몽골에까지 공급할 수 있을 터였다.

　물론 욕심 같아서는 우리나라에 기지를 건설하고 싶었지만, 중국을 선택한 데에는 몇 가지 이유가 있었다. 우선 석유터미널을 한국에 건설하게 된다면 중국, 일본 등에서 투자를 꺼릴 게 분명했다. 여전히 한국은 전쟁 발발 가능성이 높은 나라로 인식되고 있기 때문이었다. 또 한국은 이미 대기업 정유회사들이 카르텔(Cartel, 동일 업종의 기업이 경쟁의 제한 또는 완화를 목적으로 가격, 생산량, 판로 따위에 대하여 협정을 맺는 것으로 형성하는 독점 형태)을 형성해 시장이 고착된 지 오래였다. 따라서 한국과 가까워 적은 비용으로 국내에 석유를 들여

올 수 있는 곳, 동북아시아를 하나의 섹터로 묶을 수 있는 가장 좋은 곳이 산동 반도라고 판단한 것이다. 또한 산동 앞바다의 수심은 유조선이 입항하기 위한 최소 수심인 22미터를 만족하고 있었다.

'돌다리도 두드려보고 건너라'는 말이 있지만, 준비 과정에서 신중함이 지나쳐 좀처럼 일을 진척시키지 못하는 경우도 종종 있는 법이다. 따라서 목표를 확실히 세웠으면 당장 실행하는 과감한 결단력도 필요하다. 이것저것 앞뒤 재다 보면 목표가 흐지부지되고 도전정신도 꺼져 버릴 가능성이 크다. 보완할 것은 보완하면서 진행하면 되는 것이다.

산동 석유터미널 프로젝트에 확신을 가진 나는 곧바로 중국인 파트너를 물색했다. 파트너는 산동 지역 일대에서 선박을 3,000척이나 소유한 대선주였다. 게다가 큰 냉동 창고를 20개나 소유하고 있었다. 하지만 그는 석유 분야에 문외한이라 하나에서 열까지 모든 걸 내가 주도해야 할 상황이었다.

산동 반도를 직접 찾아 샅샅이 뒤진 끝에 나는 말이 섬이지 육지와 거의 붙어 있는 석도(石島)를 석유터미널 부지로 확정할 수 있었다. 먼저 석도와 육지 주변을 매립하면 대략 200만 평의 부지를 만들 수 있었다. 그런 뒤 파이프 랙을 1킬로미터 정도 설치하면 10만, 20만 톤 규모의 유조선도 쉽게 접안할 수 있을 터였다.

나와 파트너는 곧바로 중국 정부를 찾아 주민들을 이주시키고 그곳에 석유터미널을 건설하자고 제안을 했고, 긴밀한 협의 끝에 합의에 이를 수 있었다. 설계는 삼성엔지니어링이, 회계는 삼일회계에서 담당하기로 했다. 그렇게 합작회사 '산동보고물류유한공사'가 설립되었다.

내가 회사 이름에 '보고'라는 단어를 붙인 데에는 나름 큰 의미가 있었다. 산동은 신라의 해상왕 장보고가 세운 '법화원'과 신라인 집단 거주지인 '신라방'이 있던, 역사적으로 우리와 매우 밀접한 관계가 있는 곳이었다. 비록 중국 땅에 건설하지만 이름만은 우리나라와 관련된 것으로 하고 싶었던 것이다. 그래서 내 주장대로 '장보고'의 이름을 따서 '산동보고터미널'이라고 이름을 지었던 것이다.

사업 추진(business promotion)

정신없이 산동보고터미널 사업을 구상하던 때였다. 때마침 우리나라 산업자원부에서 오일 B2B(Business to Business, 기업과 기업 사이에 이루어지는 전자상거래) 사업에 참여할 기업을 모집한다는 공고가 났다. 나는 주먹을 불끈 쥐고 환호성을 터뜨렸다. 하늘이 나에게 절호의 기회를 주는 것이라 생각했던 것이다.

오일 B2B 사업은 전자상거래를 통해 공급자와 소비자를 이어주고 일종의 중개료 또는 수수료를 받는 사업으로, 석유 유통 질서 선진화를 목적으로 하고 있었다.

기존의 석유 유통은 정유사-대리점-주유소-소비자의 복잡한 단계를 거치는 동안 비용이 많이 발생하고 있었다. 반면 오일 B2B는 컴퓨터로 정유사와 소비자가 직접 거래를 함으로써 유통비용을 획기적으로 줄일 수 있는, 그야말로 소비자에게 큰 이익을 줄 수 있는 사업이었다. 당연히 지난 수십 년 동안 공급자로서 독점적 가격 결정권을 쥐고 있던 기존의 거대 정유사들에게는 가격경쟁에 내몰리게 되는 달갑지 않은 거래 형태였다.

입찰에는 국내 5대 정유사와 석유공사 그리고 내가 창업한 (주)코엔펙이 참여했다. 예상대로 서로 힘을 합친 정유사들의 보이지 않는 압력이 시작되었다. 오일 B2B 사업권을 타 회사가 따내면 경쟁력을 잃을 수도 있다는 절박함 때문이었다. 그러나 나는 정유사들의 갖은 회유와 압박에도 석유 유통시장의 변화를 위해 뚝심 있게 밀고 나갔고, 모두의 예상을 깨고 산업자원부로부터 사업권을 따낼 수 있었다. 업계에서는 다윗이 골리앗 여럿과 싸워 이겼다며 놀라워했는데, 세계 최대의 석유터미널을 짓겠다는 나의 원대한 계획이 첫 단추부터 잘 꿰어진 것이었다. 나는 곧바로 일본과 홍콩의 가장 큰 전자상거래 회사를 찾아 치열한 협의 끝에 MOU(memorandum of understanding, 투자에 관해 합의한 사항을 명시한 문서)를 성공리에 체결할 수 있었다.

그런데 석유터미널만 거창하게 지어놓는다고 누가 산동으로 유조선을 가지고 오겠는가? 중동에서 유조선을 끌고 올 만큼 매력적인 가격과 품질을 제공해야 했는데, 그러기 위해선 세계 석유시장을 아우르는 기업과 손을 잡는 게 필수였다. 나는 다양한 기업과의 접촉 끝에 영국 BP(British Petroleum)사와 합작을 시도했다. 당시 우리 회사는 무역센터 14층을 쓰고 있었다. 그곳까지 영국 BP사에서 다섯 손가락 안에 들어가는 실력자인 아시아 담당 사장이 직접 찾아왔고 논의가 시작되었다.

나는 아메리카도 북미와 남미로 시장이 나뉘어 있듯이 아시아도 워낙 큰 시장이기 때문에 남과 북으로 나눠 싱가포르는 동남아시아를, 산동기지는 동북아시아를 관할하는 것이 이상적임을 역설했다. 만일 우리 회사와 독점 계약을 맺어 석유를 산동기지로 들여온다면 영국 BP사도 큰 이익을 얻을 수 있다는 점을 강조했는데, 2시에 시작해서 6시쯤 미팅이 끝났을 때 아시아 담당 사장이 일어서며 판타스틱 플랜이라며 박수를 보냈다. 계약이 체결될 가능성이 높아진 것이었다.

그런데 저녁식사를 하기 위해 무역센터를 나왔을 때 어떻게 알고 왔는지 삼성 BP 사장이 그를 픽업하기 위해 대기하고 있었다. 순간 가슴이 철렁 내려앉았다. 삼성 BP처럼 큰 회사가 견제를 하면 사업에 큰 차질이 생길 게 뻔했기 때문이었다. 하지만 아시아 담당 사장은 파트너인 나와 식사를 하겠다면서 정중히 호의를 거절했다. 생각해보면 굉장히 감격적인 순간이었다.

　다음으로는 중국에서의 사업 승인이 남아 있었다. 나는 다시 중국 청도의 호텔로 날아가 석유주임과 면담을 가졌다. 그런데 중국 쪽에서는 수행원도 없이 나 혼자만, 그것도 보안상의 이유로 필기도구도 없이 회담장에 들어올 것을 주문했는데, 안에 들어가서야 그 이유를 짐작할 수 있었다. 석유주임이 국장급과 석유전문가 등 20여 명을 대동하고 나를 기다리고 있던 것이다. 넓은 홀에 나는 통역관과 단 둘뿐이었고, 석유주임 뒤로는 대규모 인원이 병풍처럼 둘러싸고 앉아 있으니 기세에서 밀릴 수밖에 없는 형국이었다. 중국 하면 떠오르는 게 인해전술이라지만 시작부터 너무 한다 싶었다. 하지만 앞서 강조한 대로 나는 상대가 아무리 지위가 높아도 절대 고개 숙이지 않고 나와 동등한 입장에서 바라본다. 나는 눈 하나 깜빡하지 않고 석유주임과의 면담을 이어갔다. 그 당시 석유주임과 나눴던 이야기를 간략히 정리해 보면 이렇다.

　"2,100만 배럴 규모의 석유저장시설을 짓는다고 보고받았다. 이 거대한 시설을 한국 사람인 당신이 한국이 아닌 중국에 건설하려는 이유가 무엇인가?"

　석유주임이 의심의 눈초리로 쏘아보며 물었다. 한국인이 자국이 아니라 타국에 산업시설을 먼저 짓겠다고 나섰으니 그로서는 충분히 의심할 만한 대목이었다.

"한국의 석유시장은 이미 포화상태다. 하지만 중국은 자급자족이 안 되고 있지 않는가? 현재 중국 경제의 성장률을 보면 2005년 정도만 돼도 석유 수입량이 30퍼센트 이상 늘어날 것이다. 그런데 알다시피 석유라는 물건이 사고 싶다고 마음껏 살 수 있는 게 아니않은가. 배당량이 있어서 원하는 수량을 마음껏 가져올 수 없다. 따라서 유사시에 충분히 사용 가능한 석유저장시설을 중국에 짓는 것에 반대할 이유가 없지 않겠는가?"

내 설명에 주임이 고개를 끄덕였다. 내 말대로 중국 역시 대규모의 석유저장시설이 시급히 필요한 상황이었던 것이다. 그래서인지 구체적인 사안에 대해 묻기 시작했다.

"운영은 어떻게 할 것인가?"

"싱가포르 석유터미널처럼 할 예정이다. 전자상거래로 한, 중, 일을 묶어 오일 B2B로 원하는 저유지에 가져다가 넣어주면 된다. 더 확장시켜 몽골, 시베리아, 북한까지 포섭해 동북아시아 존을 만들 예정이다. 현재 동북아시아는 위험지역으로 분류되어서 선박 비용도 비싸다. 이건 불합리하므로 반드시 개선해야 할 부분이다."

"당신도 알다시피 중국에서도 이미 많은 양의 석유가 나온다. 우리가 꼭 그럴 필요가 있을까?"

"중국은 여러 지역에서 유전을 개발하고 있지만, 아직 경제성이 부족한 것으로 알고 있다. 생산량을 아무리 높인다고 해도 중국의 발전

속도로 볼 때 에너지난을 타개하기 위해서는 산동 석유기지가 꼭 필요할 것이다. 그리고 자원보존 차원에서도 가능하면 산동기지 것을 사용하는 것이 중국에 유리하지 않겠는가?"

이외에도 나는 유조선 접안과 금융비용 등 구체적인 사안에 대해 석유주임과 심도 있는 이야기를 나누었다. 판단컨대 꽤 만족스러운 회의였다. 그런데 회의가 끝나자 석유주임이 악수도 건네지 않은 채 훌쩍 자릴 떠나는 것이었다. 그 순간 회의 전 당서기가 건투를 빌며 넌지시 알려주었던 말이 떠올랐다.

"석유주임이 점심을 같이 하자고 하면 허가를 내주는 것이고, 헬기를 타고 그냥 돌아가면 안 되는 거라고 생각하십시오."

나는 회의에서 내가 무슨 실수라도 했는지 떠올려보았지만 아무리 생각해도 답을 찾을 수가 없었다. 석유주임의 궁금증을 충분히 해소시켰다고 확신했고, 석유주임도 만족할 만한 표정을 짓고 있었기 때문이었다. 그런데 이게 대체 무슨 일인지 알 수가 없었다. 그렇게 느닷없는 상황에 황당한 표정을 짓고 있을 때였다. 석유주임의 비서가 다가와 웃으며 이야기를 건넸다.

"회장님, 놀라셨죠? 별거 아닙니다. 석유주임님께서 실무자들과 우선 의논을 한 뒤 1시에 다시 미팅을 하자고 하십니다."

비서의 말에 나는 그제야 안도의 한숨을 내쉴 수 있었다. 그리고 얼마 뒤 이어진 회의에서 다시 만난 석유주임의 얼굴에는 미소가 흐르고 있었다. 석유주임은 관련 서류를 올리라면서 나와 힘껏 악수를 나누고는 헬기를 타고 떠났다. 한국을 넘어 광활한 중국 대륙에서의 사업이 마침내 승인을 받은 것이었다.

사업 확장(extension of business)

사업을 하다 보면 의도치 않은 기회들이 찾아올 때가 있다. 생각지도 않았던 사안들이 처음의 계획을 전혀 다른 방향으로 이끌어가는 것이다.

산동보고터미널 사업을 진행할 때도 이런 예기치 않은 기회가 찾아왔다. 직영주유소를 두지 않아 다른 정유사들과의 경쟁에서 도태된 인천정유가 때마침 새로운 주인을 찾아 매물로 나온 것이다. 산동보고터미널 건설을 추진하고 있던 내 입장에서는 인천정유야말로 황금알을 낳는 거위였다. 산동보고터미널에서 원유를 들여와 인천정유에서 정제한 뒤 국내 및 외국으로 수출하는 석유 물류사업을 할 수만 있다면, 처음 계획보다 몇 곱절 더 큰 수익을 낼 수 있는 기회였기 때문이다. 따라서 무슨 수를 쓰더라도 인천정유를 인수해야 했는데, 당시 내가 얼마나 인천정유에 사활을 걸었는지는 언론보도에도 잘 나와 있다.

▲인천정유 인수··· 국내외 3개사로 압축

현재 인천정유 인수 의사를 밝힌 기업은 중국의 시노켐사와 바울석유, 코엔펙 등 3개사로 압축됐다. 이들 3개사는 인천정유 인수에 상당히 적극적인 것으로 알려지고 있다. (중략) 코엔펙의 경우 인천정유 인수에 회사의 사활을 걸고 추진하고 있는 것으로 알려지고 있다. 코엔펙에 따르면 BP등 2개사와 컨소시엄 구성을 통해 인천정유를 인수한다는 계획이다.

▲코엔펙, 韓-中-日 잇는 물류사업

석유수입업 및 석유전자상거래 업체인 코엔펙도 영국 BP사의 간접적인 지지를 받고 있다. 현재 인천정유는 빅토리사로부터 원유를 공급받고 있으며, 코엔펙이 인수할 경우 원유도입선은 BP로 넘어갈 것으로 보인다. 즉 코엔펙은 BP에게서 원유를 들여와 인천정유에 위탁 가공시킨 뒤 이를 다시 판매하는 임가공 형태의 영업을 전개할 계획이다. (중략) 중국에 진출한 코엔펙은 현재 부두, 탱크터미널 등 물류사업을 확대해나가고 있으며 이 같은 물류사업 기반 위에 인천정유의 석유제품 물량을 얹는 연계사업을 고려 중이다.

문제는 경쟁 입찰방식이라 도대체 얼마를 써내야 할지 감을 잡기가 힘들었다는 것이다. 당시는 정유사 인수에 4,000억 원 이상을 쓰면 똥바가지를 뒤집어쓴다는 소문이 나돌 때였다. 그러나 인천정유는 알싸배기 회사라 6,000억 원 이상이 될 것이라는 정보가 흘러나오고 있는 상황이었다.

나는 고심 끝에 6,520억 원으로 입찰 금액을 잡고, S은행 4,000억 원, D기업 1,000억 원, ㄷ기업 500억 원, 우리 회사가 500억 원을 투자해 컨소시엄(consortium, 규모가 큰 사업이나 투자 따위를 할 때, 여러 업체 및 금융 기관이 연합하여 참여하는 것)을 만들어 입찰을 하기로 최종 조율했다. 물론 운영권은 내게 있었다.

사업 실패(business failure)

온 몸의 피가 바짝바짝 마르는 시간이 흘러 마침내 입찰이 하루 앞으로 다가왔다. 그런데 청천벽력 같은 소식이 들려왔다. ㄷ기업에서 갑자기 발을 빼겠다고 통보한 것이다. 한 푼이라도 아쉬운 판에 500억 원이라는 돈이 빠져버린 것이다. 내일 당장 입찰을 해야 하는 상황이니 ㄷ기업에 어떻게 된 일인지 자초지종을 따지고 이유를 알아볼 시간조차 없었다. 어쩔 수 없이 그만큼 낮은 금액을 쓸 수밖에 없었고, 입찰 결과는 6,350억 원을 써낸 중국국영석유회사 시노켐의 승리로 돌아가고 말았다. 자국의 부족한 석유 수요를 채우기 위해 인천정유를 인수한 것이다. 우리는 아쉽게 2등으로 탈락하고 말았다. ㄷ기업이 발을 빼지만 않았어도 승리는 우리 것이었다.

시간이 많이 흘렀어도 아직도 ㄷ기업의 무모한 결정을 이해할 수가 없다. 빠질 거면 다른 투자업체를 알아볼 수 있게 시간을 주고 발을 빼는 게 사업상의 도리인데 단 하루를 남겨놓고 발을 뺐으니 엄청난 배신감을 느낄 수밖에 없었다.

회사의 사활을 걸었던 나는 이대로 물러날 수 없다는 생각에 홍콩으로 날아가 시노켐 부사장을 만나 단도직입적으로 얘길 꺼냈다.

"한국은 석유가 안보와 관련 있기 때문에 최종적으로 인수하는 게 말처럼 쉽지 않을 것이다. 그리고 중국에는 노조가 없지만 한국엔 큰 기업마다 강한 노조가 있다. 인천정유에도 노조가 있어서 경영상 어려움이 클 것이다. 게다가 부실채권 정리와 탕감 문제도 해결하기가 무척 힘들 것이다. 우리와 함께하자. 우리가 앞장서서 경영상의 어려움을 해결하는 데 일조하겠다."

그러나 내 제안은 끝내 받아들여지지 않았다. 자기 회사가 어렵게 인수권을 땄는데, 왜 우리랑 같이하느냐는 말이었다. 당장의 이익만을 바라보는 근시안적 태도였지만, 그 어떤 설득에도 시노켐은 물러서지 않았고 나는 빈손으로 돌아올 수밖에 없었다.

얼마 뒤 시노켐은 3차에 걸친 회사 정리계획에서 낙찰금액보다

500억 원을 더 쓴 6,851억 원을 제시했다. 하지만 채권단이 이를 수용하지 않아 인천정유 인수는 수포로 돌아갔다. 내 예상이 맞아떨어졌던 것이다. 시노켐이 우리와 손을 잡았다면 서로가 상생할 수 있었을 텐데 하는 아쉬움이 컸다.

그리고 시련은 한꺼번에 몰려온다고 했던가. 탄탄대로를 걷던 산둥보고터미널 건설 사업에도 커다란 악재가 찾아왔다. 나와 중국 파트너가 각각 5억 달러씩 총 10억 달러를 투자할 계획이었는데, 내 사업 계획에 긍정적인 반응을 내비치던 산업은행에서 갑자기 지원 불가방침을 통보해 왔던 것이다. 인천정유 인수에 실패하면서 우리 회사에 빨간불이 들어왔다는 부정적인 소문이 업계에 퍼진 게 가장 치명적이었다.

결국 모든 계획이 한순간에 어그러지고 말았다. 중국 정부까지 승인한 사업이 성사 단계에서 한순간에 파국을 맞은 것이다. 다급한 마음에 여기저기 방도를 찾아 정신없이 뛰었지만 소용이 없었다. 그렇게 몇 년 동안 공을 들인 내 원대한 프로젝트는 하루아침에 허무하게 끝이 나고 말았다. 반면, 중국 파트너는 훗날 내 계획에 따라 석도와 바다를 매립해 땅값만 10배가 넘게 차익을 올릴 수 있었다. 그곳에 골프장 두 개까지 지어 팔았다니, '재주는 곰이 넘고 돈은 되놈이 가져간다'는 옛말이 딱 들어맞은 꼴이었다.

결과적으로 산둥보고터미널을 통해 전 세계에서 가장 큰 석유기지를 만들고자 했던 나의 꿈은 이루어지지 못했다. 만약 성사만 되었다면 대한민국의 석유 유통 상황에 적잖게 도움이 되었을 텐데 너무나 안타까운 일이었다.

또 하나, 당시 야심차게 진행했던 오일 B2B 사업 역시 안타깝게도 꽃을 피우지 못했다. 오일 B2B 사업은 철저하게 소비자를 위한 사업이었다. 오일 B2B 사업은 석유 공급자의 담합을 방지하고 소비자가 보다 싼 가격으로, 고품질의 석유를 사용할 수 있게 하는 것이 첫 번째 목적이다. 또한 가짜 휘발유의 공급과 유통을 막고, 가짜 휘발유 사용으로 인해 발생할 수 있는 유해물질을 줄이고 환경을 깨끗이 할 수 있는 선진 시스템이었던 것이다. 당시 나는 예스오일이라는 오일 B2B 업체를 운영하면서 석유 유통에 투명성을 더하기 위해 노력했지만 끝내 완성시키지 못했다.

최근 정부에서는 또 다시 오일 B2B 정비 사업을 재개했다는 소식이 들려온다. 당연히 환영할 만한 일이다. 하지만 건 내가 지난 날 시작했던 오일 B2B 사업이 이제껏 진행되어 왔다면 지금쯤 대한민국의 석유 유통은 안정화되어 있었을 것이다. 많은 아쉬움이 남는 대목이다.

블루노트코리아

빌리 홀리데이, 루이 암스트롱, 레이 찰스, 마일즈 데이비스, 제임스 브라운, 쳇 베이커, 이름만 들어도 가슴 뛰는 재즈 뮤지션들. 나는 평소 바쁜 사업 일정을 소화하면서도 틈틈이 재즈 음악을 즐겨들었다. 비록 몸은 치열한 전장과 같은 사업에 쫓기며 살고 있지만, 마음의 여유만은 잃지 않기 위해서였다. 특히 최고의 재즈 뮤지션들 중에서도 빌리 홀리데이를 좋아했는데 영혼을 울리는 그녀의 목소리로 ⟨I'm a fool to want you?⟩를 듣고 있으면 업무로 쌓였던 피로가 한꺼번에 씻겨 내려가는 느낌이었다.

여느 때처럼 뉴욕에 출장을 갔을 때였다. 일정을 마무리하고 뉴욕의 마지막 밤을 어떻게 보낼까 고민하던 나는 블루노트 재즈클럽을 찾았다. 그리니치빌리지에 위치한 블루노트 재즈클럽은 1981년 개업한 이래 세계 최고 재즈 뮤지션들의 메카라고 불릴 정도로 유명한 클럽이었다.

피곤한 몸을 이끌고 도착한 블루노트의 내부는 어두운 조명 아래에서 감미로운 재즈 음악을 듣는 손님들로 가득했다. 나는 연주를 듣는 손님들에게서 묻어나는 삶의 여유에 부러움을 느꼈다. 멋진 문화를 만들어내는 사람들과 그것을 즐기는 사람들, 우리에게도 이런 문화가 정착되면 얼마나 좋을까, 하는 부러움이 차올랐던 것이다. 그리고 서울로 돌아오는 비행기 안에서 문득 재즈 음악을 좋아하는 이들에게 수준 높은 공연을 즐길 기회를, 재즈 뮤지션들에게는 최고의 공연장을 마련해주는 사업을 하면 어떨까 생각했다.

출장에서 돌아온 나는 가까운 지인들을 만나 내 뜻을 전했고, 새로운 문화의 장을 만들어보자는 내 제안은 큰 호응을 이끌어냈다. 큰 이견 없이 의기투합한 우리는 곧바로 뉴욕의 블루노트 본사와 계약을 체결하기 위해 '블루노트코리아'를 설립했다.

내가 대표이사가 되고 지인들은 주주로 참여하는 방식으로 서초동에 400평 부지를 매입해 건물을 세우기 위해 토목공사에 들어갔다. 뉴욕의 블루노트 본사에서는 세계적인 뮤지션들을 초청해 1년에 한 번씩 투어를 진행하고 있었는데, 아시아는 일본에서 유일하게 공연을 열고 있었다. 따라서 한국에 블루노트코리아가 문을 열면 큰돈을 들이지 않고도 일본 공연을 끝낸 세계 최고의 뮤지션들이 한국으로 넘어와 공연을 할 수 있었다. 실제로 오픈 기념공연으로 당대 최고의 연주자인 케니 지와 여러 유명 뮤지션들이 무대에 서기로 결정이 되어 있었다. 한국의 재즈가수들 역시 세계적인 재즈클럽을 한국에 열어 재즈를 부흥시킨다는 소식에 엄청난 기대를 보였다.

그런데 생각지도 못한 사건이 발생하고 말았다. 사실 블루노트의 한국 사업권을 따내기 위해서는 비공식적으로 꽤 많은 커미션을 대가로 주어야 했다. 그래서 나와 주주들이 십시일반으로 마련한 자금을 평소 친분이 있던 정치인에게 건네 뉴욕 블루노트와 계약 체결을 부탁하기로 했다. 그런데 한창 블루노트코리아 프로젝트를 진행하던 어느 날 갑자기 나와 친구 한 명이 대검찰정 중앙수사부에 끌려가 강도 높은 조사를 받게 되었다. 그들은 우리가 마련한 자금이 정치자금, 그것도 청탁자금이 아니냐고 물고 늘어졌다. 말도 안 되는 소리였다. 하지만 중수부가 제시한 자료를 보고 우리는 깜짝 놀라고 말았다. 우리가 건넨 자금 중 일부가 실제로 정치인의 개인적인 용도로 사용되었던 것이다. 한마디로 배달사고가 터진 것이었다. 감찰기관으로서는 충분히 우리를 의심할 만한 정황이었다. 하지만 수사 결과 정치 자금과는 아무 관계가 없는 것으로 판명되었고, 사건은 종결

되었다.

하지만 블루노트코리아는 건물을 지어보지도 못하고 문을 닫아야 했다. 대한민국에 좀 더 다양한 문화공간을 만들어내고자 동분서주했던 노력이 어처구니없는 사건으로 한순간에 물거품이 되어버리고 말았던 것이다.

분명히 밝히지만, 블루노트코리아는 수익은커녕 적자만 나지 않아도 다행이라고 생각하면서도 추진한 사업이었다. 당시만 하더라도 수익을 낼 만큼 재즈를 즐기는 문화가 형성되어 있지 않았다. 단지 좀 더 새롭고 고급스러운 문화를 소개하고, 재즈 뮤지션들에게 기회를 제공하고, 삶의 여유를 대중들과 나누고 싶었을 뿐이었다. 이것은 함께 참여한 주주들도 같은 마음이었다. 결과적으로 나와 투자자들은 적지 않은 투자금액을 고스란히 잃었다. 하지만 처음부터 수익을 고려한 사업이 아니었기에 오히려 서로를 격려해줄 수 있었다.

공부 잘하는 학생들에게는 공통점이 있다. 바로 '오답노트'가 있다는 것이다. 틀린 문제만을 따로 적어놓고 수시로 들여다보면 동일한 문제를 다시 틀릴 일은 없기 때문이다. 사업이나 일도 마찬가지다. 성공담보다는 실패담을 더 눈여겨봐야 한다. 실패는 정말 가슴 아프고 고통스럽다. 산동보고터미널은 투자사 한 곳만 등을 돌리지만 않았더라면 성공할 수 있었던 사업이었다. 무엇보다 내 인생에서 맛본 최초의 실패였기에 실패에 익숙지 않았던 나로서는 상상도 할 수 없던 고통이었다. 블루노트코리아도 좋은 의도로 시작한 사업이 예기치 않는 사건으로 흐지부지된 경우였다.

내가 고스란히 내 실패담을 이야기한 것은 내 아픈 경험을 통해 당신이 무언가를 배울 수 있기를 바라기 때문이다. 나는 당신보다 먼저 꿈꾸던 일에 도전하여 엄청난 성공도 하고 실패도 맛보았다. 그러나 비록 실패는 했을지언정 시간과 비용과 노력이 들어간 것이니 얼마나 값진 경험담인가. 타인의 실패담은 누군가에겐 성공의 지침서임을 명심해라.

물론 실패를 계속 곱씹는다고 달라질 것은 없다. 하루빨리 실패를 딛고 일어나 다시 앞으로 나아가야 한다. 실패를 자신을 되돌아보는 거울로 삼아라.

문제는 많은 사람들이 본인의 실패를 인정하려 하지 않는다는 것이다. 실패를 하면, 실패할 수밖에 없었다며 변명을 늘어놓기에 바쁘다. 그러나 실패를 겸허하게 받아들이는 자세를 가져야 한다. 이런 과정들을 겪어야만 자기를 되돌아보게 되고, 새로운 방향으로 나아갈 수 있다.

'실패는 성공의 또 다른 이름'이라는 말이 있다. 모든 도전과 노력이 성공이라는 결실을 맺지는 못한다. 오히려 실패가 많을 수도 있다. 설령 그럴지라도 실패를 딛고 끊임없이 고민하고 도전해야 한다. 이를 바탕으로 달성한 성공은 당신을 더욱 단단하고 크게 만들어주기 때문이다. 수없이 두들겨 맞은 무쇠가 비로소 '천하의 명검'이 된다는 것을 잊지 말자.

평생지기와의 만남

오랜 세월동안 사업을 해서 그런지 몰라도 나는 '인연(因緣)'이라는 말을 참 좋아한다. 수많은 사람들을 만나며 인연의 소중함과 무상함을 그만큼 많이 느꼈기 때문일 것이다. 불가에서는 이승에서 옷깃이 한 번 스치려면 전생에 500겁의 인연이 있어야 가능하다고 말하며, 우리가 오늘 만나는 작고 사소한 만남이 얼마나 소중한 것인지를 설파한다.

그런 수많은 소중한 인연들 중에서도 가장 중요한 인연이 바로 '배우자와의 만남'이 아닐까 싶다. 평생을 함께할 친구이자 영원한 내 편을 선택하는 일이니 말이다. 부부의 연을 맺으려면 억겁의 세월을 넘어서야 한다고 했다. 그만큼 부부간의 인연이 특별한 게 아닐까 싶다. 내가 내 인생의 마지막 인연을 만난 것은 지금으로부터 약 18년 전이었다.

당시 나는 이혼의 아픔을 겪고 10년째 혼자 살고 있었다. 집에서는 이제 그만 새 사람을 만날 것을 권했지만, 사업 때문에 밤낮없이 바쁘게 지내느라 재혼은 생각도 하지 못하고 있었다. 물론 다정하게 손을 잡고 걸어가는 젊은 부부들을 보고 있으면 문득문득 옆자리가 시려 몸이 움츠러들곤 했다. 하지만 외로움이 들 때마다 한번 실패한 결혼을 두 번씩이나 하는 것은 사치라는 생각이 들어 사업에 더 몰두했다. 고백하자면 사업에서 실패를 모르고 승승장구하던 내가 정작 중요한 결혼 생활에서 실패했을 때, 나는 엄청난 좌절감을 느껴야 했다. 그리고 다시는 그런 아픈 감정을 느끼고 싶지 않다는 본능적인 거부감이 들었던 것이다. 하지만 사람의 인연이란 참으로 알 수 없는 일이었다.

그날 나는 서울 홍익대학교 근처에서 약속이 있었는데, 예정보다 일찍 도착하는 바람에 시간도 보내고 허기도 달랠 겸 작은 스낵바에 들어갔다. 그곳에서 샌드위치와 주스 한 잔을 시켜놓고 주위를 둘러볼 때였다. 옆자리에 자매로 보이는 여자 둘이서 김밥과 떡볶이를 맛있게 먹고 있는 게 보였다. 얼핏 보니 그중 한 명이 어딘가 낯이 익었다.

'어디서 많이 본 얼굴인데······.'

음식을 맛있게 먹는 모습이 순간 너무도 예뻐 보였기 때문이었을까. 그만 나도 모르게 "떡볶이가 맛있게 보이네요" 하고 엉뚱하게 말을 걸고 말았다. 평소의 나와는 전혀 다른 행동을 하고 있으니 스스로도 깜짝 놀랄 일이었다. 그런데 실없는 사람 취급 받아도 할 말이 없던 상황에서 낯이 익던 아가씨가 웃으며 친절하게 말을 받아주는 게 아닌가!

"네, 맛있어요. 하나 드셔보실래요?"

이왕 말을 꺼냈는데, 내 쪽에서 거절하면 상황이 어색해질 것 같아 나는 흔쾌히 고개를 끄덕였다.

"그럼 얼마나 맛있는지 어디 맛 좀 봅시다."

나는 짐짓 호기롭게 자리를 옮겨 떡볶이를 얻어먹었다. 하지만 아름다운 낯선 아가씨와 음식을 함께 먹자니 갑자기 머쓱해져서 더는 이어갈 말이 생각나지 않았다.

결국에는 약속 시간이 돼서 몇 마디 말도 나누지 못하고 일어나게 되었는데, 미안한 마음에 나는 그녀에게 명함을 건네며 떡볶이를 얻어먹었으니 혹시 나중에 시간 되면 맛있는 음식을 사겠다며 연락을 달라고 했다. 그런데 이게 웬일인가! 그녀도 내게 호감이 있는지 전화번호를 알려주는 것이었다.

참으로 신기한 일이었다. 그냥 스쳐지나갈 인연이라 생각했는데,

하루 이틀 시간이 지나도 그녀의 얼굴이 잊히질 않았다. 오히려 시간이 갈수록 노심초사 연락을 기다리는 나 자신을 보고는 헛웃음을 터뜨리고 말았다.

그녀에게서 연락은 오지 않았다. 당연한 일이었다. 잘 알지도 못하는 사람에게 누가 선뜻 연락을 하겠는가. 이대로 며칠 잠깐의 열병을 앓고 나면 그만이었다. 잠시 잠깐 스쳐지나갈 인연이었다. 그러나 엿새 동안의 기다림 끝에 나는 결국 수화기를 들고 말았다. 이대로 끝내기에는 너무 아쉬웠다. 나는 목마른 사람이 우물을 판다고 거절을 당하더라도 일단 연락이라도 해보자고 수화기를 들었던 것이다. 다행히 그녀는 나를 기억하고 있었고, 나는 용기를 내어 데이트를 신청했다.

이튿날, 만나기로 약속한 프라자호텔 레스토랑으로 향하며 가볍게 가슴이 뛰었다. 평소 사업을 할 때도 편한 복장으로 다녔지만 그날만큼은 옷과 외모에 무척 신경을 쓸 정도로 나는 긴장했다. 일주일 만에 만난 그녀는 처음 만난 날보다 훨씬 더 아름다워 보였다. 비록 두 번째 만남이었지만 이야기를 나눌수록 서로 대화가 잘 통한다는 사실을 깨달은 우리는 그날부터 소중한 만남을 시작하게 되었다.

그녀는 굉장한 미인이었고 대중에게 널리 알려져 있던 사람이었던 탓에 데이트하기에는 많은 제약이 있었다. 일단 사람들 눈에 띄지 않아야 했기에 주로 드라이브를 하며 서울 변두리에서 데이트를 즐겼다. 그녀는 상대방을 편하게 해주고, 배려심이 깊어 대화를 하다 보면 시간 가는 줄 모를 정도로 이야기가 잘 통했다. 나로서는 복권에 당첨된 것이나 다름없다고 생각했다. 나한테 이런 복이 찾아온 게 믿어지시 않을 정도였다.

그렇게 두 달 정도 지났을까. 나는 예기치 않은 사건으로 검찰에 들어가 3일간 취조를 받고 풀려나게 되었다. 그런데 조사 받는 동안 어찌나 스트레스가 심했던지 집에 오자마자 쓰러졌고, 병원에까지 입원하고 말았다. 정신을 차리고 보니 그녀가 내 옆에 앉아 있었다. 며칠 동안 연락이 끊겼던 사람이 병원에 입원을 했다는 소식에 놀라 뛰어온 것이었다.

하지만 한참동안 말없이 그녀를 바라보던 나는 이제 됐으니 그만 돌아가라고 차갑게 얘기하고 등을 돌렸다. 나는 이미 몸과 마음이 만신창이가 되어 있었다. 텔레비전에서 활발하게 활동하고 있는 그녀에게 곁에 남아달라고 도저히 말할 자신이 없었던 것이다. 마음 깊숙한 곳에서는 그녀가 진짜 나를 떠날까 두려움에 떨면서 말이다. 하지만 그녀는 내 곁을 떠나지 않았다. 의사와 간호사들의 호기심 어린 눈길을 꿋꿋이 참아내며 병간호를 했다. 그리고 내 눈을 보며 또렷하게 이야기했다.

"당신이 빈털터리여도, 몸이 아파도 상관없어요. 그냥 옆에 함께 있으면 안 돼요?"

그녀의 말을 듣는 순간 그동안 가슴에 쌓였던 울분이 한순간에 풀려버리는 느낌이었다. 나는 그녀의 손을 움켜쥐고 아무 말도 할 수 없었다.

헤어질 고비를 넘긴 우리는 양가 부모님의 허락을 받고 결혼을 약속했다. 반대가 없지는 않았으나 여장부처럼 스스로 모든 반대를 돌려세우는 그녀의 당찬 모습을 보며 내가 진정한 연인을 만났구나 싶었다. 그렇게 얼마 뒤 양가 부모님과 가까운 일가친척만을 모시고 조촐하게 결혼식을 올렸다. 비로소 부부가 된 것이다.

이 사람이 정말 내 사람인지 아닌지 명확히 알 수 있는 것은 힘든 시기를 함께 겪을 때가 아닐까. 아내는 내가 가장 힘든 시기에 나를 놓지 않고 끝까지 붙잡아줬던 영원한 내 편이다. 이런 아내가 있었기에 나는 힘을 내어 다시 일어설 수 있었다.

아직도 사람들의 입에 오르내리는 내 아내, 그녀의 이름은 1987년 미스코리아 진 장윤정이다.

양가의 허락 하에 조촐하게 식을 올린 우리는 신혼 재미에 빠져 살았다. 아내는 나를 위해 손수 음식을 준비했고, 일을 마친 뒤 집에 돌아오면 오랜만에 느껴보는 안온한 느낌에 내 입가에서는 웃음이 떠나지 않았다. 그렇게 행복한 날들을 보내던 어느 날 우리에게 큰 축복이 찾아왔다. 바로 사랑의 결실인 아이가 생겼던 것이다.

하지만 현실은 녹록치 않았다. 유명인이었던 아내는 세간의 시선을 극히 꺼렸다. 아내가 결혼 발표 없이 한 사람의 아내가 된 것만으로도 큰 이슈가 되는 상황인데, 임신 소식에다가 결혼한 사람이 큰 기업체를 이끄는 사람이니 온갖 추측성 기사로 난도질당할 것이 불을 보듯 빤한 상황이었다.

고민하는 아내를 보던 나는 생각 끝에 유학생 신분으로 영어도 배우고 공부도 할 겸 장모님과 함께 잠시 미국에 가 있는 것이 어떤지 물었고, 아내는 흔쾌히 동의를 했다. 나로서는 사랑하는 아내와 곧 태어날 아이를 머나먼 이국으로 떠나보내는 게 죽기보다 싫었지만, 아내를 위해서는 어쩔 수 없는 일이었다.

곧바로 우리는 괌 바닷가 인근에 아파트를 임대했다. 학교 수업은 일주일에 두 번만 참석하면 되니 배 속의 아이에게도 무리가 가지 않을 거였다.

나는 한국에서 정신없이 일에 몰두하다가 주말이 되면 비행기를 타고 아내가 있는 곳으로 날아갔다. 일 때문에 몸은 녹초가 되었지만, 아내를 보는 순간 피곤함이 싹 가시는 기분이었다. 그리고 출산 예정일이 다가왔다. 당시 공교롭게도 장모님께서 집안에 일이 생겨 한국으로 돌아가 있던 상태라 내가 아내를 태우고 근처 병원으로 달려가야 했다. 그리고 작은 체구에 손과 발이 앙증맞은 딸아이, 우리의 첫 아이가 태어났다.

하지만 기쁨도 잠시 아내의 상태가 이상했다. 얼굴이 샛노랗게 변하더니 몸을 바들바들 떠는데 무언가 잘못됐다는 생각에 급히 의사를 불렀고, 결국 아내는 재수술에 들어갔다. 영문도 모른 채 새벽까지 수술실 앞에서 발만 동동거리며 제발 아무 일 없게 해달라고 기도를 하고 또 하던 그 순간의 절박함은 지금도 기억에 또렷하다. 그렇게 아내는 죽을 고비를 넘겼다.

딸아이를 보면 가끔 아찔했던 그때가 떠오르는데 그때마다 아내와 딸아이를 건강한 모습으로 내 옆에 있을 수 있게 해준 것에 하나님께 마음속으로 감사의 기도를 올리곤 한다. 그리고 첫아이가 유치원에 다닐 무렵 또 한 생명이 우리에게로 왔다.

아내 자랑을 하면 팔불출이라지만, 내 아내 장윤정은 참 좋은 사람이다. 여자라면 다 좋아하는 명품에도 별 관심이 없다. 평소에는 청바지와 티셔츠 같은 가벼운 옷차림을 즐긴다. 검소함이 몸에 배어 있는 사람이다. 성격은 또 어찌나 당찬지 연애할 때 반대하시던 장인어른을 설득한 것도 아내였다. 낯선 땅 미국에서도 금세 적응을 해 친정에 메주를 보내달라고 해서 주변 한인들과 된장, 고추장을 직접 담가 먹을 정도로 살림에도 척척박사다. 내가 집안의 장손이라 거의 매달 제사를 지내야 했는데도 불평 없이 모든 제사를 떠맡아 정성스레 제사 준비를 하는 아내를 보면 항상 고마운 마음뿐이다.

인생에서 단 한 명의 내 편을 꼽으라면 언제나 나는 나의 아내를 이야기한다. 아내를 위해서라면 못할 일이 없다. 아내와 함께라면 불가능한 일도 없다. 나는 그렇게 믿고 있다.

다시
새로운 시작을 위하여

  모든 일이 다 그렇겠지만, 특히 경영이라는 분야에서는 경영자에게 강력한 힘이 있어야 한다. 적게는 수십 명에서 많게는 수천 명의 임직원을 하나의 목표를 향해 뛰게 만드는 것은 무척이나 어려운 일이기 때문이다. 임직원들은 언제나 자신들을 이끄는 경영자를 주시한다. 그들은 경영자가 강력한 리더십으로 자신들을 이끌어주길 바란다. 따라서 만약 경영자가 힘을 내지 못한다면 빗속의 개미 떼처럼 직원들은 뿔뿔이 흩어지고 만다.

  그러나 경영자도 사람이다. 규모가 큰 프로젝트를 끝내면 작품을 끝내고 재충전을 위해 대중의 관심에서 한 발 물러서는 배우들처럼 휴식의 시간이 필요하다. 하지만 경영자 앞에는 언제나 새로운 문제가 기다리고 있을 뿐이다.

나는 서른 살 무렵부터 20년 가까이 사업을 했다. 보통의 직장인이라면 짧아도 일 년에 10여 일은 쉴 수 있지만, 나는 언제 쉬었는지 기억할 수 없을 정도로 수많은 사업을 벌였다. 그 결과 많은 돈을 벌수 있었다. 하지만 산동보고터미널과 블루노트코리아처럼 뜻하지 않은 악재에 발목을 잡히면서 상황이 달라졌다. 언제까지라도 피곤을 느낄 겨를 없이 일할 수 있을 거라 생각했던 내 몸과 마음이 어느 날 갑자기 말썽을 일으킨 것이다. 휴식을 원하고 있었던 것이다. 내 나이 마흔아홉의 일이었다.

한 가족의 가장이 잠시 일을 접는 것을 상상해보라. 결코 쉽지 않은 일이다. 집에서 자신만을 바라보는 아내와 아이들이 있기 때문이다. 그런데 내게는 사랑하는 가족뿐만 아니라 수많은 직원들이 있었다. 어느 하나 소중하지 않은 인연들이 없었다. 하지만 수없이 되묻고 되물어도 내게는 휴식이 절실했다. 지금 내 몸과 마음의 소리를 무시하고 다시 경영에 매진했다가는 큰일이 벌어질 수도 있다는 불안감이 엄습했다.

나는 고민 끝에 당분간이라도 아무도 없는 조용한 곳에서 푹 쉬기로 결정했다. 그리고 믿음직한 사람에게 회사 경영을 맡기고 조용한

곳을 찾았다.

처음 며칠 동안은 확실히 도시에서 벗어난 기분을 만끽할 수 있었다. 하지만 며칠이 지나지 않아 자꾸만 회사 일에 신경이 쓰였다. 며칠만이라도 푹 쉬고 싶은데 말처럼 되지가 않았다. 문제는 '욕심'이었다. 내 안에는 경영에 대한 '욕심'이 여전히 활활 타오르고 있었던 것이다. 그것은 끈다고 꺼지는 것이 아니라 고질병이었다. 그러나 며칠의 휴식을 하고는 다시 경영에 복귀할 수는 없었다. 자신이 없었다. 망가진 내 몸과 마음은 계속 휴식을 외치고 있었다.

결국 나는 극단적인 결론을 내렸다. 어떤 만남도 없는 곳, 경영을 하고 싶어도 그 어떤 활동도 할 수 없는 곳에 나를 스스로 떨어뜨리기로 말이다.

대자연에서 보낸 1년

내가 찾은 곳은 로스앤젤레스에서 동북쪽으로 두어 시간을 달리면 도착하는 빅베어 마운틴(Big Bear Mountain)이었다. 빅베어 마운틴은 눈이 오면 꼼짝없이 갇혀버리는 오지 중의 오지로 거대한 호수와 산으로 둘러싸인 웅장한 자연환경을 자랑하는 곳이었다. 나는 울창한 숲 속에 자리한 작은 오두막을 하나 빌려 숙소로 정했다. 행여 야생 곰이나 늑대에게 습격을 당해도 근처에 도움을 청할 곳도 없는 외딴 곳이었다. 나는 아내가 챙겨준 옷가지를 정리하며 내가 여기서 벗어나면 살아남을 것이고, 벗어나지 못하면 죽을 것이라고 생각했다.

그곳에서의 첫날밤이 기억난다. 산 속의 밤공기는 뼈가 시릴 만큼 차가웠다. 통조림으로 대충 끼니를 때우자 졸음이 밀려왔다. 벽난로에 장작을 넣고 불을 붙였지만 쉽게 불이 붙질 않았다. 긴 비행으로 몸이 고단해서였을까? 눈꺼풀이 자꾸만 내려앉았다. 결국 난방은 포기하고 침낭 속으로 들어갔다. 어디선가 늑대 울음소리가 끊임없이 들려왔지만 두려움 따위는 전혀 들지 않았다. 오히려 그 울음소리는 그동안 나를 둘러싸고 있던 수많은 것들에서 내가 멀리 떨어져 있다는 안온함을 선물하는 듯했다. 그렇게 난생처음 들어보는 늑대 울음소리를 자장가 삼아 나는 그날 밤부터 다음 날 밤까지 끼니도 잊은 채 길고 긴 잠을 잤다. 사업을 시작한 이후 그렇게 단잠을 잔 것은 처음이었다.

날이 밝고 창문을 열자 상쾌한 공기가 폐부 깊숙한 곳까지 어루만져주는 느낌이었다. 마치 몸 속 구석구석 찌들어 있던 세포 하나하나까지 되살아나는 상쾌함이었다. 이곳에 짐을 푼 게 잘한 일이라는 확신이 들었다.

나는 눈과 바람 그리고 늑대의 울음소리와 함께 시간이 어떻게 지나가는지 모른 채 하루하루를 보냈다. 내 스스로 선택한 철저한 외로움 속에서 세상과 단절한 채 시계와 달력도 보지 않고 지냈다. 해가

뜨면 일어났고 해가 지면 잠을 잤다. 배가 고프면 밥을 먹고 배가 고프지 않으면 먹지 않았다.

이런 지극히 당연한 일들을 한국에 있을 때는 왜 못했는지 알 수가 없었다. 나는 배가 고프지 않아도, 졸리지 않아도 시간이 정해놓은 스케줄에 따라 먹고 자야만 했다. 그건 바로 사람들과의 관계 때문이었다. 사회생활에서 인간관계는 매우 중요하다. 긴 휴식을 취하고 싶어도 관계가 무너질까 두려워 연락을 하고 만남을 지속한다. 하지만 돌이켜 생각해보니 내가 애달파할 필요가 없는 일이었다. 긴 휴식에 관계가 멀어지는 사람이 있다면, 그는 나와 인연이 없는 사람일 뿐이었다. 아쉬워할 필요도 없는 일이었다. 인연이 가면 또 다른 인연이 기다리고 있을 테니 말이다.

나는 누구를 만날 일도 없고 해야 할 일도 없었다. 오직 모든 시간을 나만을 위해 사용할 수 있었다. 인간과 늑대는 서로를 두려워한다는 사실을 안 뒤로는 늑대에 대한 두려움도 잊고 마음껏 숲 속을 누볐다. 키 높은 나무들 속에서 뛰어노는 야생동물을 보고, 가까운 호수로 가서 낚싯대를 드리웠다.

혼자 지내다보니 외로움이 찾아올 때도 많았다. 무엇보다 아내와 아이들이 보고 싶어 미칠 것만 같았다. 내 허한 몸과 마음을 채우기 위해 가족들에게 못할 짓을 하는 건 아닌가 싶어, 그만 되돌아갈까 하는 생각도 여러 번 들었다. 하지만 그때마다 지금 제대로 쉬지 않으면 나뿐만 아니라 다른 사람들도 힘들어질 수 있다며 스스로를 다독였다.

지독하게 추웠던 겨울이 지나고 봄이 왔다. 나무들에 싹이 오르고 짐승들도 두터운 털을 벗어버리고 가벼운 몸짓으로 뛰어다녔다. 빅 베어 마운틴에 짐을 푼 지도 어느덧 6개월이 지나고 있었다.

계절의 생동감에 흠뻑 젖어 시간을 잊고 살던 어느 날 아내가 찾아왔다. 아내는 오두막 안팎을 살피고는 아무 말도 하지 않았는데, 훗날 이야기하기를 내가 얼마나 지쳤으면 외진 산속으로 들어가 그리도 궁색하게 지냈을까 하는 생각에 가슴이 너무나 아팠다고 한다.

그런 마음도 모르고 나는 오랜만에 만난 아내를 데리고 주위의 비경을 보여주며 다시 신혼으로 돌아간 것 같은 재미를 느꼈다. 그렇게 꿈결 같은 시간이 지나고 아내는 한국으로 돌아가기 전날 밤 조심스럽게 말을 꺼냈다.

"여보, 쉴 만큼 푹 쉬었으면 이제 그만 다시 한국으로 돌아오는 게 어때요?"

내가 돌아오기만을 기다리고 있을 가족들을 생각하니 가슴이 내려앉았다. 하지만 나는 아내를 홀로 떠나보내고 다시 나만의 세상으로 돌아갔다. 자연에 내 몸을 다시 내던졌다. 내려갈 때가 되면 내 몸이 알아서 이야기를 하리라는 것을 나는 알고 있었다. 그렇게 6개월의 시간을 더 보냈다.

빅베어 마운틴에서 보낸 1년 동안 나는 참으로 많은 것을 느낄 수 있었다. 그동안 중요하다고 생각했던 것이 그다지 중요하지 않았다는 것, 가까웠다고 생각했던 사람들이 사실은 가깝지 않았다는 것, 내가 이루어 놓았던 것이 대자연에 비하면 참으로 초라하다는 것, 내게 있어 가장 소중한 것은 내가 아니라 사랑하는 가족이라는 것을 말이다. 아울러 처음의 의도대로 1년의 재충전으로 말할 수 없이 큰 힘을 얻을 수 있었다. 그동안 기름이 다한 심지처럼 시나브로 사라졌던 열정과 희망, 도전, 노력이라는 에너지들이 다시금 솟구쳐 올랐던 것이다.

다시 새로운 비상을 꿈꾸며

2014년 초 나는 재충전의 시간을 끝내고 아내와 두 딸과 함께 한국으로 다시 돌아왔다. 그리고 산업통상자원부 산하 사단법인인 한국석유유통연구소 이사장직을 맡아 현업에서 몸담으며 쌓았던 노하우를 바탕으로 석유 산업 및 유통업의 투명성 제고를 위한 연구를 지속하고 있다.

맞다. 나는 아직 나의 꿈, 석유 관련 사업의 꿈을 포기하지 않은 것이다. 성공의 마지막 단계에서 좌절했던 쓰라린 경험을 잊지 않고, 차근차근 한걸음씩 다시 꿈을 향해 걸어갈 예정이다. 꿈이 있는 한 나는 결코 쓰러지지 않을 것이다.

나는 미국에 체류하는 동안 휴식을 취하는 한편으로 무너져 내린 내 몸을 살리고자 남가주대학교에서 중의학 석사 과정을 밟았다. 전 세계적으로 이름 높은 한국의 약용식물을 세계에 널리 알릴 또 다른 계획도 가지고 있다. 또한 한국에 들어와서는 명지대학교 사회복지대학원에서 사회복지학(석사 과정)을 전공하는 등 관심 분야에 대한 공부를 게을리하지 않고 있다.

특히 경희사이버대학교에서 스포츠레저 경영학(학사)을 전공하면서 한국의 전통무예인 택견과 인연을 맺어, 2015년 8월 대한택견연맹과 전국택견연합회 양대 택견단체를 통합해 새롭게 출범한 문체부 사단법인 '대한택견회'의 초대 총재로 선출될 수 있었다. 택견은 2,000년 전 고구려 시대부터 전승되고 있는 한국 무예의 뿌리로, 1983년 중요무형문화재 제76호로 지정되었고, 2011년 11월 28일에는 세계 전통 무예 중 최초로 유네스코 인류무형문화유산에 등재된 자랑스러운 우리의 유산이다. 그럼에도 불구하고 국제대회도 아닌 전국체전에서조차 시범 종목에 머무를 정도로 제대로 된 지위를 얻지 못하고 있는 게 현실이었다.

다행스럽게도 현재 택견 동호인은 전국에 120만 여명으로, 저변 확대가 이루어지고 있다. 나는 그동안 국내외적으로 소홀히 대접받았던 택견의 가치를 제대로 인정받게 하고, 더 많은 국민들이 보고

즐길 수 있는 생활체육의 한 종목으로 자리 잡도록 노력할 예정이다. 특히 사업가로서 20년 동안 체득한 경영마인드로 택견에 비즈니스를 접목해 영리사업과 문화 콘텐츠 수출을 성공시키기 위해 최선을 다할 것이다.

나는 젊은 시절 일찍 사업을 시작해 10여 년 만에 엄청난 성공을 이루었다. 누구나 부러워 마지않는 화려한 삶의 연속이었다. 그리고 산이 높을수록 골짜기도 깊은 만큼 크나큰 좌절도 맛보았다.

내 몸과 마음에는 내 지난 세월의 경험이 고스란히 남아 있다. 그러기에 나는 확신한다. 내가 다시 날아오를 때의 웅장한 비상을.

꿈꾸는 대한민국의 청춘들에게

우리나라의 특수화물 운송업에서 김상훈 이름 석 자를 빼놓을 수 없다고 나는 자부한다. 물론 당시로서는 엄청난 모험이었다. 첫 사업, 그것도 아무도 시도한 바 없는 미지의 사업에 대한 두려움은 겪어보지 않은 사람은 전혀 알 수가 없다. 마치 지구를 떠받치는 형벌을 받은 신화 속의 거인 아틀라스처럼 그 중압감은 이루 말할 수조차 없다. 두려움이 크니 실패에 대한 걱정이 앞서는 것은 당연했다. 그러나 나는 나를 믿었다.

내가 반드시 성공할 것을 믿은 것이 아니었다.
실패하더라도 반드시 다시 일어설 나를 믿었다.

젊음은 시행착오의 연속이다. 경험이 없기 때문에 모든 일에 서투른 건 어찌 보면 당연한 일이다. 어떤 일이든 잘하려는 욕심도 실수를 부추긴다. 하지만 실패하면 어떤가? 젊다는 게 재산인데 툴툴 털고 다시 일어나면 되지 않나.

물론 실패하면 주위의 차가운 시선 때문에 힘들어지는 게 사실이다. 너무 자주 실수하면 용기가 생기지 않을 수도 있다. 실수했을 때의 아픔과 좌절에 대한 두려움이 생겨나 자신도 모르게 소극적인 사람으로 변하는 것이다.

그렇다면 어떻게 해야 할까? 처음부터 너무 큰 욕심을 부리지 말고, '세상살이 연습'을 해야 한다. 직장에 처음 입사하면 수습기간이 있듯, 당신의 청춘을 사회 적응 연습기간이라고 생각하는 것이다. 어린아이들은 그림을 그릴 때 구도니 원근이니 하는 걸 크게 신경 쓰지 않고 그저 즐겁게 그린다. 아이들처럼 마음을 유연하게 가질 필요가 있다. 긴장감은 스스로가 조절할 수 있는 만큼이면 충분하다.

실패는 당신을 고난에 빠뜨리지만 시도조차 하지 않은 사람보다 더 멀리 나아갈 힘을 준다는 것을 기억해라. 그러니 두려운 생각이 날 때마다 희망을 꿈꿔라. 두려움은 스스로가 만든 감옥일 뿐이다. 열쇠는 '희망'이라는 간수의 손에 들려 있다. 그를 불러 문을 열고 나오든 그대로 갇혀 지내든 그건 자신에게 달려 있다. 인생 자체가 도전이며 모험이다. 두려움 때문에 미리 좌절할 필요 없다. 도전해서 성공으로 승화시킬 기회는 무궁무진하다.

지금 이 순간 꿈꾸고 있다면,
과감히 모험을 시작하라!

나의 인생에서 결코 잊을 수 없는
고(故) 성재갑 고문님께
특별한 감사를 드린다.

진정으로 원한다면
전부를 걸어라

지은이 | 김상훈

초판 1쇄 발행 | 2016년 1월 11일

펴낸이 | 신난향
편집위원 | 박영배
펴낸곳 | (주)맥스교육(맥스미디어)
출판등록 | 2011년 08월 17일(제321-2011-000157호)
주소 | 서울특별시 서초구 논현로 83 삼호물산빌딩 A동 4층
전화 | 02-589-5133(대표전화)   팩스 | 02-589-5088
홈페이지 | www.maksmedia.co.kr

기획 · 편집 | 송지현 조현주 허현정
디자인 | 서정민 김세은
영업 · 마케팅 | 홍동화 송화연 김규태
경영지원팀 | 장주열
인쇄 | 삼보아트

ISBN 979-11-5571-400-3 03320
정가 15,000원